当代中国 丛书

当代中国
经济

荣文丽 著

五洲传播出版社

图书在版编目（CIP）数据

当代中国经济 ／ 荣文丽著 ． -- 2 版 ． -- 北京 ：五洲传播出版社，2019.6
（当代中国系列）
ISBN 978-7-5085-4243-0

Ⅰ．①当… Ⅱ．①荣… Ⅲ．①中国经济－经济概况 Ⅳ．① F12

中国版本图书馆 CIP 数据核字 (2019) 第 137977 号

当代中国系列

主　　编：武　力
出 版 人：荆孝敏

当代中国经济

著　　者：荣文丽
责任编辑：宋博雅
图片提供：视觉中国　中新社
封面设计：北京澜天文化传媒有限公司
内文制作：北京优品地带文化发展有限公司
出版发行：五洲传播出版社
地　　址：北京市北三环中路 31 号生产力大楼 B 座 6 层
邮　　编：100088
发行电话：010-82005927，010-82007837
网　　址：http://www.cicc.org.cn http://www.thatsbooks.com
印　　刷：中煤（北京）印务有限公司
版　　次：2019 年 8 月第 2 版第 2 次印刷
开　　本：710 毫米 ×1000 毫米　1/16
印　　张：10.75
字　　数：145 千字
定　　价：62.00 元

目　录

前　言

　　实现中华民族伟大复兴是近代以来中华民族最伟大的梦想。这个梦想，凝聚了几代中国人的夙愿，体现了中华民族和中国人民的整体利益，是每一个中华儿女的共同期盼。改革开放以来，中国人民总结历史经验，不断进行中国特色社会主义经济建设的理论和实践探索，取得举世瞩目的成就。中国用不太长的时间从贫穷落后的农业大国一跃成为世界第二大经济体；近 14 亿人口不仅摆脱了贫困，而且即将全面进入小康社会；主要工农业产品产量居世界第一位，中国成为第一大外贸出口国和第一大外汇储备国；中国的国际地位和影响力显著提升，并逐渐成为拉动世界经济增长的重要动力。2014—2018 年，在世界经济持续低迷背景下，中国经济更是顶住下行压力，国内生产总

2017 年 10 月 19 日，中国共产党十九大代表就"走新型工业化道路"接受采访。

值（GDP）从64万亿元增至90万亿元；结构不断优化，韧性不断增强，活力不断释放；对世界经济增长贡献率超过30%，成为世界经济增长的主要动力源和稳定器。中国比历史上任何时期都更接近中华民族伟大复兴的目标，比历史上任何时期都更有信心、有能力实现这个目标。

道路关乎国家前途、民族命运、人民幸福。国家和民族的历史传统、文化积淀、基本国情不同，其发展道路必然有自己的特色。一个国家选择什么样的发展道路，是由这个国家的具体国情决定的。中国就是在不断的探索和实践中找到了实现中华民族伟大复兴的发展道路。而中国探索经济发展道路的成功经验之一就是：中国经济发展道路的选择能够结合国际政治经济发展环境变化，从自身的国情出发，坚持走自己的路。

在中国这样一个经济文化曾经十分落后的国家，实现工业化现代化，探索民族复兴道路，是极为艰巨的任务。改革开放40年的发展，证明这条实现中华民族伟大复兴的正确道路就是中国特色社会主义道路。共产党领导是中国特色社会主义最本质的特征，公有制为主体，多种所有制经济共同发展是基本经济制度；建立社会主义市场经济，发挥市场决定性作用，深化了对市场经济的认识；注重政府与市场的协同配合，推进了对政府和市场关系认识的深化，形成了世界上最先进的宏观调控体系；坚持按劳分配为主体，以人民发展为中心，坚持发展依靠人民，发展为了人民，发展成果由人民共享，以实现人民的共同富裕为目标，体现了中国经济发展的目的和价值追求。坚持创新、协调、绿色、开放和共享发展理念，深化了对经济发展的认识；坚持合作共赢的开放战略，在维护国际经济秩序的基础上打造人类命运共同体，是对经济全球化的深入认识。

当今，统筹国内外大局，中国从发展实际出发，从人民利益出发，做出进入新时代的判断：社会主要矛盾已经转化为人民日益增长的美好生活需要和不平衡不充分的发展之间的矛盾；中国经济发展速度、

2017 年 7 月 23 日，四川成都，一座现代化潮流的城市在逐渐崛起。

动力和结构都发生了变化，中国经济发展进入新常态，由高速增长阶段转向高质量发展阶段。以新发展理念引领经济发展新常态，形成了习近平新时代中国特色社会主义经济思想。坚持以提高发展质量和效益为中心，实现更高质量、更有效率、更加公平、更可持续的发展；提出坚持创新、协调、绿色、开放、共享的新发展理念；以推进供给侧机构性改革为主线，坚决打赢脱贫攻坚战，实施精准扶贫。进一步解放思想、解放生产力和发展生产力、解放和增加社会活力，不断把改革开放推向前进。中国共产党第十九次全国代表大会规划了中国从现在到本 21 世纪中叶的发展蓝图，指出到 2020 年中国将全面建成小康社会，到 2035 年中国将基本实现社会主义现代化，到 21 世纪中叶中国将建成富强民主文明和谐美丽的社会主义现代化强国；宣示了中国将努力推动世界各国共同发展繁荣，开展文明交流对话，携手建设

更加美好的世界，推动构建人类命运共同体的真诚愿望。

历史证明，中国特色社会主义道路是实现社会主义现代化的必由之路，是指引中国人民创造自己美好生活的必由之路。中国人民将继续大胆创新、推动发展，坚定不移贯彻以人民为中心的发展思想，落实新发展理念，不断增强人民获得感、幸福感、安全感。中国人民将继续扩大开放、加强合作，坚定不移奉行互利共赢的开放战略；中国人民将继续与世界同行、为人类作出更大贡献，坚定不移走和平发展道路，积极参与推动全球治理体系变革，推动构建人类命运共同体。

中国的发展还是世界的机遇，中国发展能够造福中国人民，也将造福世界各国人民。中国特色社会主义发展道路，拓展了发展中国

2017年，海南省海口市结合"海绵城市"的理念，保护和恢复湿地系统，打造成美舍河凤翔湿地公园。

家走向现代化的途径，给世界上那些既希望加快发展又希望保持自身独立性的国家和民族提供了全新的选择，为解决人类问题贡献了中国智慧和中国方案。中国将继续奉行互利共赢的开放战略，将自身发展机遇同世界各国分享。经济发展的成功和经验也是人类探索发展道路成果的组成部分，中国通过深化自身实践探索人类社会发展规律并同世界各国分享，中国人民张开双臂欢迎各国人民搭乘中国发展的"快车""便车"。中国不"输入"外国模式，也不"输出"中国模式，不会要求别国"复制"中国的做法。中国人民的成功实践昭示世人，通向现代化的道路不止一条，只要找准正确方向、驰而不息，条条大路通罗马。

第一章　中国特色社会主义经济发展道路

　　独特的文化传统，独特的历史命运，独特的基本国情，注定了中国必然要走适合自己国情的发展道路。中国的发展，关键在于中国人民在中国共产党领导下，立足自身国情和实践，从中华文明中汲取智慧，博采东西方各家之长，坚守但不僵化，借鉴但不照搬，在不断探索中走出了一条适合中国国情的发展道路。中国选择改革开放，选择社会主义市场经济体制，选择中国特色社会主义发展道路，是中国人民的选择，历史的选择。实践证明，这条道路是中国实现民族复兴、人民富裕的正确道路。

2017 年 12 月 18 日至 20 日，中央经济工作会议指出，5 年来，中国坚持观大势、谋全局、干实事，成功驾驭了经济发展大局，在实践中形成了以新发展理念为主要内容的习近平新时代中国特色社会主义经济思想。

坚持加强党对经济工作的集中统一领导，保证我国经济沿着正确方向发展

坚持以人民为中心的发展思想，贯穿到统筹推进"五位一体"总体布局和协调推进"四个全面"战略布局之中

坚持适应把握引领经济发展新常态，立足大局，把握规律

坚持使市场在资源配置中起决定性作用，更好地发挥政府作用，坚决扫除经济发展的体制机制障碍

坚持适应中国经济发展主要矛盾变化完善宏观调控，相机抉择，开准药方，把推进供给侧结构性改革作为经济工作的主线

坚持问题导向部署经济发展新战略，对中国经济社会发展变革产生深远影响

坚持正确工作策略和方法，稳中求进，保持战略定力、坚持底线思维，一步一个脚印向前迈进

中国共产党的领导是实现经济健康发展的根本政治保证

中国是一个社会主义大国，共产党作为领导核心，拥有8900多万名党员、440多万个党组织，具有很强的执政能力和社会动员能力。近代以来，正是中国共产党，带领久经磨难的中华民族实现从站起来、富起来到强起来的历史性飞跃。一方面，新中国成立后，在中国共产党的领导下形成了强有力的中央政府，结束了晚清以来地方势力"尾大不掉"的局面。中国共产党强大的资源动员能力，有助于发挥社会主义的优越性，"集中力量办大事"。另一方面，中国共产党总揽全局，完善领导经济工作的体制机制，坚持创新领导经济社会发展的观念、体制、方式方法，提高把握方向、谋划全局、提出战略、制定政策、推进改革的能力，明确经济发展目标、方向和重大举措，为发展航船定好向、掌好舵，适时采取正确的方针和举措，克服了重重困难，保证中国经济沿着正确方向发展，促使中国经济实现持续健康发展。新中国成立以来，中国共产党担负大国崛起的重要历史任务始终未变，就是中国共产党要带领全国人民全面建成小康社会，实现中华民族复兴和人民幸福。中国共产党领导是实现"稳"的根本保证，也是推动"进"的根本所在。

◎ 中国共产党的领导是在长期的革命和建设中形成的

从1840年鸦片战争以后，中国人民为了摆脱被剥削、被压迫、被奴役的地位，先后进行了种种尝试，包括声势浩大的太平天国农民革命、戊戌维新以及义和团运动等，但都失败了。孙中山领导的辛亥革命，推翻了清王朝，建立了"中华民国"，然而并没有改变中国社会的半殖民地半封建性质。只有中国共产党，才指引中国人民找到了国家和民族振兴的正确道路，并且形成强大的凝聚力，团结和领导全

1956年7月13日，第一辆国产载货汽车在长春第一汽车厂诞生，从而结束了中国不能制造汽车的历史。

国人民经过28年艰苦卓绝的斗争，建立了中华人民共和国，取得了新民主主义革命的胜利，实现了民族独立和人民解放。

中华人民共和国成立以后，中国共产党成为执政党。如何在中国这样一个积贫积弱，社会生产极其落后，人民极度贫困的农业大国实现现代化，尽快地从落后的农业国变为先进的工业国，成为中国共产党领导经济建设的一个考验。面对国内实现工业化的迫切需要，中国共产党就领导全国各族人民顺利地实现了从新民主主义到社会主义的转变，迅速恢复了遭到破坏的国民经济，巩固了人民政权，基本上完成了对生产资料私有制的社会主义改造，建立了社会主义制度。在当时国内外严峻的发展环境下，中国选择了优先发展重工业的发展道路，形成了高度集中的经济体制，经过近30年的发展，在旧中国遗留下来的"一穷二白"的基础上，逐渐建立了比较完整的工业体系，使社会主义制度得到了强有力的经济支撑，为增强国防力量和维护国家安

1985年江南造船厂鸟瞰

全提供了条件，为之后中国发展奠定了基础。没有一个具有现代化意识、执政能力强和代表最广大人民利益的政党，难以完成工业化、现代化重任，也不能有效保证国家的统一。

改革开放以来，中国适时将工作重心转移到现代化建设上来，统筹协调各方面力量形成推动改革的强大合力，创造一个稳定、安全、有序的社会经济环境。在中国共产党的带领下，中国经济取得了举世瞩目的成就，中国一跃成为世界第二大经济体，综合国力有了明显提高，成为全球经济的发动机。

2012年以来形成的经济政策框架，更强化了中国共产党在经济工作中的统一领导作用，充分体现了中国共产党对全国经济工作的统一领导，使中央到各地方、各部门，以及社会各方面都充分分享决策信息，形成高度集中的政策共识、广泛的社会共识和上下一致的行动协同，同时也对全世界产生重大影响。由此保证了中国经济巨轮不偏航、

2017年9月29日，正在北京展览馆举行的"'砥砺奋进的五年'大型成就展"吸引了大量观众参观。

不失速，"行稳致远"，从而实现中国稳、世界稳，中国进、世界进，中国好、世界好。

历史证明，没有共产党，就没有新中国；没有共产党，就没有今天所取得的举世瞩目的成就。共产党不仅有能力让中国人民站起来，也有能力让中国人民富起来。中国共产党是推进中国工业化和现代化，实现民族复兴的中坚力量。中国共产党能为社会主义现代化建设创造稳定的社会环境。中国共产党有最大多数人民群众的广泛支持和拥护，在长期斗争中同人民群众形成了血肉联系。中国共产党始终代表人民的利益，具备强有力的组织领导能力和巨大的凝聚力，能调动各方面的积极因素，形成合力、解决问题，搞好社会主义现代化建设。中国共产党的领导是中国特色社会主义制度的最大优势，是实现经济社会持续健康发展的根本政治保证。坚持中国共产党的领导，发挥党的总揽全局、协调各方的领导核心作用，是中国特色社会主义市场经济体制的一个重要特征。充分发挥中国共产党总揽全局、把握方向，适应改革开放和社会主义现代化建设伟大任务和使命的作用，才能使中国经济这艘巨轮行稳致远。

　　幸福是奋斗出来的，实现中华民族伟大复兴，是全国各族人民奋斗出来的。奔向社会主义现代化强国的伟大目标，需要凝聚起亿万人民无穷的磅礴力量。坚持中国共产党的领导，保持党中央有权威，才能把全党牢固凝聚起来，进而把全国各族人民紧密团结起来，形成万众一心、无坚不摧的磅礴力量，把智慧和力量凝聚到全面建成小康社会上。

2017 年 12 月 5 日，北京密云现 120 多万个七彩风车，打造最大"中国梦"图案的旅游热地。

◎中国共产党总揽全局，明确经济发展目标、方向

经济工作，一直是中国共产党治国理政的中心工作。中央财经领导小组，就是中国共产党领导经济工作的组织形式之一。经济工作聚焦的都是经济社会发展的重大方针和政策、重大战略和规划、国民经济生产力重大布局的原则和措施。第一，每五年召开的党代会（中国共产党全国代表大会和中国共产党地方各级代表大会），为未来时期的经济发展方向作出重大判断，对经济发展战略作出重大决策，对经济发展任务作出重要决定。第二，中共中央全会明确发展的方向、思路、重点任务、重大举措等，如中国共产党第十八届中央委员会第五次全体会议作出了《关于制定国民经济和社会发展第十三个五年规划的建议》，包括全面建成小康社会决胜阶段的总体形势和指导思想，"十三五"时期国民经济社会发展的主要目标和基本理念（如五大发展理念）。第三，中央政治局会议专题研究经济工作，每年7月底专

2017年6月6日，随着国网重庆市电力公司技术人员顺利完成施工难度最大的跨越嘉陵江的线路施工作业，"十三五"期间首条500千伏川渝输电大通道全线贯通。

题研究当前经济形势和下半年经济工作，每年年底专门研究下一年经济工作，为召开中央经济工作会议作准备。第四，每年年底召开中央经济工作会议，通常由中共中央总书记作主旨报告，总结本年度经济发展情况，部署下一年度经济工作，并由中央政治局常委、国务院总理对下一年经济工作作出具体部署。第五，中央财经领导小组每年召开若干次会议讨论专题性经济决策。

中国共产党总揽全局，明确了各个阶段的经济发展目标、发展方向和重大举措。1960 年，中共第一次比较完整地表述了"四个现代化"的经济和社会发展目标。1987 年，中共提出"三步走"发展战略，中国共产党第十三次全国代表大会明确概括为：第一步，从 1981 年到 1990 年实现国民生产总值比 1980 年翻一番，解决人民的温饱问题；第二步，从 1991 年到 20 世纪末，使国民生产总值再增长一倍，人民生活水平达到小康水平；第三步，到 21 世纪中叶，使国民生产总值再增长一倍，人均国民生产总值达到中等发达国家水平，人民生活比较富裕，基本实现现代化。

中国共产党第十五次全国代表大会明确提出了在 21 世纪前半叶的新"三步走"发展战略，指出：第一个十年实现国民生产总值比 2000 年翻一番，使人民的小康生活更加富裕，形成比较完善的社会主义市场经济体制；再经过十年的努力，到中国共产党成立 100 周年时，使国民经济更快发展，各项制度更加完善；到 21 世纪中叶新中国成立 100 年时，基本实现现代化，建成富强、民主、文明的社会主义国家。"两个一百年"的奋斗目标清晰可见。中国共产党的十六大报告强调：中国共产党必须坚定地站在时代潮流前头，在中国特色社会主义道路上实现中华民族的伟大复兴。

2012 年 11 月，习近平和其他中共中央领导同志参观《复兴之路》展览时指出："现在，大家都在讨论中国梦，我以为，实现中华民族伟大复兴，就是中华民族近代以来最伟大的梦想。""我坚信，到中国共产党成立 100 年时全面建成小康社会的目标一定能实现，到新中国成立 100 年时建成富强民主文明和谐的社会主义现代化国家的目标一定能实现，中华民族伟大复兴的梦想一定能实现。"

2017 年，中国共产党第十九次全国代表大会提出，总任务是实现社会主义现代化和中华民族伟大复兴。新两步走战略步骤：在全面建成小康社会的基础上分两步走，在 21 世纪中叶中国建成富强民主文明和谐美丽的社会主义现代化强国。从现在到 2020 年是全面建成小康社会决胜期，从 2020 年到 21 世纪中叶分两个阶段：第一个阶段在全面建成小康社会的基础上，从 2020 年到 2035 年，奋斗十五年，基本实现社会主义现代化；第二个阶段，在基本实现现代化的基础上从 2035 年到 21 世纪中叶再奋斗十五年，把中国建成富强民主文明和谐

2017 年 7 月 7 日，港珠澳大桥海底隧道正式贯通。

站在改革开放最前沿的深圳，40年间发生了翻天覆地的变化。图为深圳湾春茧体育场。

美丽的社会主义现代化强国。

　　改革开放以后中国社会主义现代化建设的时间表、路线图就完整了，实际上分成这样五个阶段：第一阶段，改革开放之初到1990年主要解决人民的温饱问题；第二阶段，1991年到2000年使人民生活达到小康水平；第三阶段，2001年到2020年全面建成小康社会；第四阶段，2021年到2035年基本实现社会主义现代化；第五阶段，2036年到2050年建成富强民主文明和谐美丽的社会主义现代化强国。

◎ 中国共产党坚持问题导向部署经济发展战略和稳中求进的经济工作方法

　　中国共产党不仅仅总揽全局，明确经济发展目标、方向，而且还能够把握经济社会发展规律，适时采取正确的方针和举措，克服重重困难，保持经济健康发展。中华人民共和国成立初，为了巩固民族独立，

2018年9月28日，贵州省望谟县布依族少女在河边清洗板栗，为庆祝板栗文化节作准备。近年来，望谟县发展山地特色农业经济，板栗生产已成为当地农民增收的支柱产业。

维护国家主权和安全，尽快实现从农业国向工业国的转变，中国共产党在一穷二白的烂摊子基础上，带领中国人民利用三年时间，战胜严重的经济困难，恢复国民经济，并提前完成第一个五年计划，提前完成三大改造，确立社会主义制度，探索推社会主义工业化、现代化建设；社会主义现代化建设过程中，适时选择改革开放，成为决定中国命运的关键一招。在改革开放的双轮驱动下，中国经济得到迅速发展。同时，伴随着经济发展速度的加快，买方市场形成，产能相对过剩，粗放型增长方式引起党中央的高度重视。

进入新时代，中国社会主要矛盾已经从"人民日益增长的物质文化需要同落后的社会生产之间的矛盾"转化为"人民日益增长的美好生活需要和不平衡不充分的发展之间的矛盾"。这一重大判断，关系全局，抓准了主要矛盾。中国共产党第十八次全国代表大会以来提出经济从高速度发展向高质量发展转变，创新驱动发展战略、乡村振兴战略、区域协调发展战略、可持续发展战略等重要战略部署，这也是经济发展进入新时代的需求。针对问题，中国共产党将重点打好决胜全面建成小康社会的防范化解重大风险、精准脱贫、污染防治三大攻坚战。

习近平指出，稳中求进工作总基调是治国理政的重要原则，也是做好经济工作的方法论。他提出，抓经济工作要坚持稳中求进、改革创新。要稳扎稳打，步步为营，统筹稳增长、调结构、促改革，巩固稳中向好的发展态势，促进经济社会稳定，为全面深化改革创造条件。同时，要积极推动全面深化改革，坚持问题导向，勇于突破创新，以改革促发展、促转方式调结构、促民生改善。稳的重点要放在稳住经济运行上，进的重点是深化改革开放和调整结构。

"稳"和"进"是辩证统一的。"稳"，才能更好地"进"，更持久地"进"；"进"，才能更有效地保持"稳"，更高水平地实现"稳"。这种经济工作方法，为中国经济结构调整创造稳定的宏观环境。

中国特色社会主义市场经济体制

资源配置有宏观、微观不同层次，还有许多不同领域的资源配置。政府与市场在资源配置和经济社会发展中的作用，犹如车之双轮、鸟

2018年10月19日，山东青岛港外贸集装箱码头，码头工人在等候给靠泊的班轮带揽。

之两翼，不可偏废。保持持续高速经济增长和社会进步，既需要通过市场机制来配置资源，同时也需要有一个有效有为的政府。基于中国国情形成的社会主义市场经济体制，其基本框架是由政府与市场共同构成的，就要求形成市场作用和政府作用有机统一、相互补充、相互协调、相互促进的格局，推动经济社会持续健康发展。

◎基于中国国情形成的社会主义市场经济体制

社会主义市场经济体制是与中国的基本国情、独特的历史路径以及目前所处的发展阶段结合在一起的，是与中国人民的社会主义制度诉求结合在一起的。

建立社会主义市场经济体制是中国经济体制的发展方向，也是实现中国工业化、城市化和现代化的最根本途径，它使得中国目前的社会主义经济具有鲜明的中国特色，已经完全不同于1978年以前世界各社会主义国家实行的以单一公有制和计划经济为特征的社会主义经济。

1949年新中国成立后，中国在当时的国际国内情境下，在经济体制方面逐步建立了高度集中的计划经济体制。这种计划经济体制的效率是随着经济结构和规模的大小而变化的。在信息成本较小、消费需求和商品供给结构比较单一的条件下，通过计划配置资源有一定的合理性。然而，随着经济体的不断壮大，消费需求结构日益复杂，产品结构日益多样的情况下，计划经济模式的弊端就会凸显出来。

中国计划经济体制的弊端主要体现在以下方面。（1）所有制的形式日趋单一化，即公有制一统天下，排斥其他的所有制；而在公有制经济中，国有经济又处于统治地位。（2）在公有制经济的经营管理方面，无论是国有经济还是集体经济，经营决策权都集中在各级政府手中，企业成为各级政府机构的附属物，失去了独立性，只不过是政府这个大企业中的一个车间而已。政府管理经济的手段主要是行政

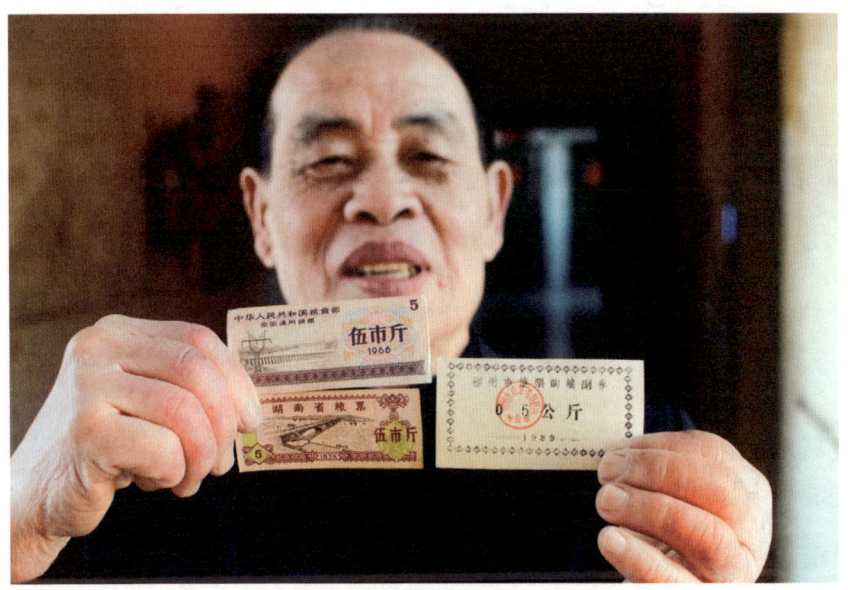

2017年12月20日，湖南省郴州市周亮老人展示自己收藏了数十年的粮票。粮票为1955—1993年间中国在计划经济体制下，伴随粮食定量供应在流通领域粮食及粮食制品买卖的资格许可证。

方法，即通过行政命令和实物调拨来配置资源。（3）市场配置资源的功能非常弱，甚至基本上没有发挥作用。（4）在收入分配上实行高度集中的计划管理，不仅国有企业吃国家的"大锅饭"，职工吃企业的"大锅饭"，而且在集体经济内部也是实行平均主义的分配方式，成员"干多干少一个样，干好干坏一个样"，因此企业和个人在生产经营中缺乏积极性。

改革开放之前30年的实践证明，这种单一公有制和计划经济体制越来越不能适应经济发展的需要，甚至成为经济发展的障碍。于是，中国共产党和政府开始逐步探索经济体制改革的目标和模式，由于没有现成的经验和模式可以采用，就采取了"摸着石头过河"的办法去探索，这一探索过程则伴随着对计划和市场关系的看法的逐渐改变。

在改革的开始阶段，基于邓小平"不管白猫黑猫能抓耗子的就是好猫"和"让一部分人先富起来"的现实实用主义思想，中国在政府

1982年，时任河南省鄢陵县县长吴德荣上门为该县第一个"万元户"颁发劳动光荣匾。

对国民经济的管理方面，也不完全是过去的计划经济了，而是注意发挥市场调节的作用，即实行有计划的商品经济。但这个时候，人们的思想还不够解放，计划经济的总体框架还不敢突破，市场调节只能起辅助作用，即当时所说的"计划管理为主，市场调节为辅"。

市场机制一旦引入，不可避免地要与原来的计划管理体制发生一定的矛盾和冲突。1984年10月，中国共产党第十二届三中全会作出了《中共中央关于经济体制改革的决定》，第一次明确指出中国的社会主义经济是公有制基础上的"有计划的商品经济"，提出商品经济的充分发展是社会主义发展不可逾越的阶段，是实现中国经济现代化的必要条件，并强调要按经济规律尤其是价值规律办事，充分运用市场机制发展社会主义经济。有计划的商品经济理论的提出，打破了将计划经济与商品经济对立起来的传统观念，标志作为市场经济主要规律之一的价值规律，在经济生活中正式得到承认和运用。《决定》对

20 世纪 80 年代初开始关于社会主义经济是不是商品经济的讨论作了科学总结，从而为确立社会主义市场经济论迈出了决定性的步伐。

1987 年中国共产党第十三次全国代表大会对社会主义经济的认识进一步深化，改革的目标被确定为"国家调控市场，市场引导企业"，市场机制实际上被认为应该发挥基础性的调节作用。

1992 年春，中国改革开放的总设计师邓小平在南方谈话中，进一步阐述了他对计划和市场问题的看法："计划多一点还是市场多一点，不是社会主义和资本主义的本质区别。计划经济不等于社会主义，资本主义也有计划；市场经济不等于资本主义，社会主义也有市场。计划和市场都是经济手段。"同年 9 月，中国共产党第十四次全国代表大会把中国经济体制改革的目标确定为社会主义市场经济体制，使市场在资源配置中发挥基础性作用。这标志着对经济改革理论的认识达到一个崭新的阶段。1993 年，中国共产党第十四届三中全会通过的《关于建立社会主义市场经济体制若干问题的决定》，确定了社会主义市

1988 年的深圳免税商品供应公司

场经济体制的基本框架。建立社会主义市场经济体制需要有三个支柱支撑：（1）建立多种经济成分并存的市场主体和以"股份制"为核心的现代企业制度；（2）形成以市场决定价格的微观经济运行机制，市场机制在资源配置中发挥基础性作用；（3）确立以财政和金融为主要杠杆的宏观调控手段。在这种经济体制下，市场配置资源的作用不仅被重新强调，而且居于基础性的地位。与计划经济体制相比，上述三个变化是带有根本性的制度变革。

2003 年，中国共产党第十六届三中全会通过《中共中央关于完善社会主义市场经济体制若干问题的决定》，对如何进一步深化改革、使中国的社会主义市场经济体制逐步完善和定型作了明确部署。总之，经过 30 多年的改革开放，中国基本实现了由传统计划经济向社会主义市场经济的重大转变，新型的社会主义市场经济体制的基础已经确立。在中国共产党的领导下，中国的改革开放继续朝着坚持和完善中国特色社会主义市场经济体制的方向全面推进。

1992 年 1 月，邓小平在深圳南巡，标志着中国改革开放第二次浪潮的掀起。

2013 年 10 月 21 日，外商在中国义乌国际小商品博览会展馆看样订购巴西足球世界杯球迷用品。

2013 年 11 月，中国共产党第十八届中央委员会召开第三次全体会议，通过的《中共中央关于全面深化改革若干重大问题的决定》提出：全面深化改革，必须立足于中国长期处于社会主义初级阶段这个最大实际，坚持发展仍是解决中国所有问题的关键这个重大战略判断，以经济建设为中心，发挥经济体制改革牵引作用，推动生产关系同生产力、上层建筑同经济基础相适应，推动经济社会持续健康发展。《决定》指出，经济体制改革是全面深化改革的重点，核心问题是处理好政府和市场的关系，使市场在资源配置中起决定性作用和更好发挥政府作用。

实践已经充分证明，建立和完善中国特色社会主义市场经济体制的发展道路是一个伟大的创举，是实现中华民族伟大复兴的成功之路。在中国共产党的领导下实行社会主义基本制度与市场经济的有机融合，从而具有三个方面的优越性：一是坚持党的领导，从而最大限度地发挥出特有的政治优势；二是坚持社会主义基本经济制度，从而最大限度地发挥出社会主义的优越性；三是坚持和发展社会主义市场经济体制，从而最大限度地发挥出市场经济的优越性。这三个方面的有机统一正是中国经济社会不断获得稳步发展的制度基础和根本原因。

◎ 政府与市场的双重作用：市场决定性作用和更好发挥政府作用的体制机制

政府与市场的关系是每一个国家都需要处理的重要关系之一。在经济学理论中，这个关系也占有绝对重要的地位。中国的市场经济不同于西方发达国家，中国的政府和市场关系也不同于西方。中国既要发挥政府在经济发展中的稳定器作用，也要发挥市场在资源配置中的作用。政府是市场体制中的政府，市场是政府监管下的市场。二者相辅相成，相得益彰。中国这种携手合作的政府与市场关系也是经济持续快速发展的因素之一。

中国在计划经济时代初期，政府发挥的作用要大些。因为在那个时期，国家安全问题突出，国民经济带有战时经济的色彩，而且国民经济的规模也较小，信息成本相对较低，整个社会的需求结构和供给结构也比较单一。另外，当时中国面对的外部环境充满了不确定性，为了在世界舞台上立足，需要着力发展重工业和国防事业。为此，也需要一个强力的组织来进行资源配置，而最强有力的组织当然就是政府。事实证明，在新中国经济建设的早期，通过政府进行资源配置也完成了其历史使命，即中国建立了独立的工业体系，稳步屹立于世界民族之林。在国际环境持续封锁的条件下，用农业积累资本和出口创汇获得了工业化所需的资本。

随着国民经济规模的不断发展壮大和消费结构与供给结构的日益复杂化，政府收集信息的成本越来越高，通过政府来进行资源配置的弊端也不断凸显。因此，从1978年改革开放以后，在微观经济运行方面，政府逐渐让位于市场，让市场机制在经济发展中发挥越来越多的基础性资源配置作用。这样的制度变迁使得经济发展取得了显著成就。改革开放40年来，中国的工业、农业、第三产业、对外贸易以及GDP总量、人均GDP等指标都有了大幅度的跃升。到2010年，中国已经成为世界上仅次于美国的第二大经济体。人民生活稳步提高，整个社会安定和谐。

西方的经济发展史同样证明政府和市场可以在不同的历史条件下发挥各自不同的作用。中国作为一个产业结构和经济体制双重转型的国家，政府和市场作用的良好配合是必不可少的。中国的制度变迁取向是社会主义市场经济体制，市场作为配置资源的基础性制度是不可置疑的。从市场经济的构成要件看，中国目前已经是一个市场经济国家，拥有生产要素市场和产品市场，绝大部分商品价格由市场供求关系决定，只有极个别的涉及国家安全或国计民生的重要商品价格由政府控制。但是，中国进一步市场化的任务仍然存在。比如，符合市场经济的信用体系、法治体系以及经济秩序等还有待于进一步完善。

一个基本的事实是，政府在转轨过程中起到了相当大的作用。首

2018年，双十一"网购狂欢节"过后，对外经济贸易大学校园里快递收发点的快递"成山"。

先，中国的市场化改革不仅是由计划经济向市场经济的转轨过程，同时还是一个工业化和城市化的过程。在这个过程中，经济矛盾和社会矛盾错综复杂，需要培育市场主体，需要改变人们的行为观念，需要建立健全市场秩序，这一切都需要政府起一定的引领和主导作用。其次，中国不仅是一个地域辽阔、地理条件差异大的国家，而且各地几千年来在民族、文化、生活方式、发展阶段等许多方面也形成了较多差异。在这样一个大国，没有一个统一的强有力的政府来驾驭经济航船也是不行的。香港、澳门顺利回归，实行"一国两制"，这离不开强大的中央政府的力量；同样，"西部大开发""东北振兴"和"中部崛起"等区域性的经济发展战略，也离不开中央政府与地方政府的配合。

中国的改革不仅仅是经济体制改革，也包括政治体制改革。正如邓小平所说，没有政治体制改革作保证，经济体制改革不可能成功。

中国政府从 2006 年 1 月开始取消农业税，减轻农民负担，并对农民种植粮食和购置农机具给以补贴，以促进粮食增产和农民增收。图为江苏省东海县农民在选购政府财政补贴的插秧机。

中国是有 13 亿多人口的大国，推进政治体制改革必须有领导、有步骤地进行。如果没有一个稳健的领导者，如果没有一定的步骤，势必会导致一种混乱的"伪民主"。这种"民主"并不能保证中国人民的真正权益，也不利于中国经济的可持续发展。

强调政府的作用，并不是否定或者低估市场。相反，市场的基础性作用随着市场化改革的不断完善而不断加强。在转轨和维持经济稳定增长过程中，中国政府不仅是对市场进行监督、调节，维护市场秩序的裁判员，还是市场经济活动中的运动员，例如通过政府投资完成工业投资布局和基础设施建设，并从而拉动经济增长，还有就是涉及国家安全和天然垄断性的经济活动方面。随着经济规模的不断增长和市场制度的不断完善，政府运动员的身份要逐渐弱化，各级政府的财政也正在从过去的"建设型财政"向"服务型财政"转变，在微观经济运行中的角色也从运动员向裁判员转变。当然，中国是一个以公有制为主体的国家，因此，政府还会以委托人的身份参与国有企业的管理。但随着劳动力市场、房地产市场、金融市场、技术市场等生产要素市场的不断规范，随着全国统一有序的市场体系的建成，市场的作用会逐渐增大。

中国的市场化改革还没有完成，中国还行进在转轨的路上。政府和市场在这个历史阶段上需要彼此协调、共同发挥作用。中国共产党第十八次全国代表大会以来提出，深化改革是加快转变经济发展方式的关键。《中共中央关于全面深化改革若干重大问题的决定》明确指出，"经济体制改革是全面深化改革的重点"。而经济体制改革，"核心问题是处理好政府和市场的关系，使市场在资源配置中起决定性作用和更好发挥政府作用"。这是社会主义市场经济规律认识的一个新突破。

2002 年，上海证券交易所加入国际交易所联合会。

公有制为主体的混合所有制结构

从所有制结构上看，中国的社会主义市场经济是在以公有制为主体、包括私人经济在内的多种经济成分共同发展的条件下运行的市场经济。这与以生产资料私有制为基础的市场经济不同。的确，随着市场化改革的推进，公有制的内涵逐渐发生着变化。比如，1997 年，中国共产党第十五次全国代表大会把公有制经济的范畴扩展到国有股占据主导的股份制企业；但即便如此，也与西方资本主义国家不同。既要坚持以公有制为主体，又要实行市场经济，这是一个前无古人的伟大创举。

中国所有制结构经历了一个剧烈的变迁过程。

1949 年后，中国进入新民主主义经济社会，存在五种经济成分：社会主义性质的国营经济、半社会主义性质的合作社经济、农民和手工业的个体经济、私人资本主义经济和国家资本主义经济。1953—

1956 年，中国政府完成了对个体农业、个体手工业和资本主义工商业的社会主义改造。经过"三大改造"，中国基本消灭了私有制，实现了公有制，使中国从新民主主义社会跨入了社会主义社会。个体农业和手工业被改造成社会主义集体经济，私人资本主义经济则被改造成社会主义国营经济。

传统社会主义理论认为，消灭了私有制就等同于进入社会主义。因此，受苏联模式和优先发展重工业赶超战略等因素的影响，中国曾单纯追求所有制形式的"先进性"，搞"一大二公三纯"（即计划经济提倡的社会主义模式目标。所谓"大"，就是基层组织如人民公社的规模越大越好；所谓"公"，就是公有化的程度越高越好；所谓"纯"，就是社会主义的经济成分越纯越好），并将非公有制经济视为"资本主义的尾巴"进行排斥和限制打击，片面地将单一公有制作为基本经济制度。

1978 年改革开放之前，中国公有制经济基本上一统天下，仅有个

2015 年 3 月 25 日，位于北京市西城区粮食店街的国营新成削面馆正式停业，结束了自己 59 年的经营岁月。

体经营 14 万户，从业人员 15 万人，私营经济和外资几乎消失殆尽。然而实践证明，这种所有制形式脱离了中国当时生产力总体水平较低、生产社会化程度不高和具有多层次性和不平衡性的现实，束缚了生产力的发展。

改革开放以来，人们逐渐认识到，中国的生产力发展水平远未达到可以实现全面公有化、消灭非公有制经济的程度。由于中国的经济还比较落后，需要多种所有制经济并存和发展，以便调动各方面力量，走出贫困、落后的状态。实际上，同一种所有制在生产力发展的不同的阶段，也可以采取不同的实现形式。公有制实现形式可以而且应当多样化，不仅包括国家所有制、集体所有制、合作制、股份合作制，还应该包括多种形式的混合所有制经济中的公有制成分，一切反映社会化生产规律的经营方式和组织形式都应该大胆利用。

20 世纪 80 年代初，从解决城市就业和农村富余劳动力出路的角度，中国鼓励发展个体经济，还没有上升到社会主义基本经济制度层面去考虑非公有制经济问题，只是"将一定范围内的劳动者个体经济看作是公有制经济的必要补充"。随着改革开放实践的发展，非公有制经济在促进国民经济增长、扩大社会就业、活跃市场和方便群众生活等方面的作用日益突出，相应地，中国政府也开始肯定非公有制经济在现有生产力水平下存在发展的必要性。1982 年中国共产党第十二次全国代表大会指出："鼓励劳动者个体经济在国家规定的范围内和工商行政管理下适当发展，作为公有制经济的必要的、有益的补充。"

随着对中国国情及发展阶段认识的深入，1992 年中国共产党第十四次全国代表大会提出建立社会主义市场经济体制。社会主义市场经济体制是同社会主义基本制度结合在一起的。建立社会主义市场经济体制，就是要使市场在国家宏观调控下对资源配置起基础性作用。为实现这个目标，必须坚持以公有制为主体、多种经济成分共同发展的方针。

从社会主义初级阶段的实际出发，1997年中国共产党第十五次全国代表大会把"公有制为主体、多种所有制经济共同发展"确立为中国的基本经济制度，明确提出：非公有制经济是社会主义市场经济的重要组成部分。2002年，中国共产党第十六次全国代表大会报告总结了所有制改革的实践经验，提出了两个"毫不动摇"："必须毫不动摇地巩固和发展公有制经济，必须毫不动摇地鼓励、支持和引导非公有制经济发展。"报告指出"各种所有制经济完全可以在市场部分中发挥各自优势，相互促进，共同发展"，"不能把这两者对立起来"，要把它们"统一于社会主义现代化建设的进程中"，即：要使公有制和非公有制经济发挥各自的所有制优势，相互依存和补充；要使公有制和非公有制经济相互竞争和推动，在竞争中使两者互动、双赢；要使公有制和非公有制经济相互渗透和交融。2007年中国共产党第十七次全国代表大会报告进一步提出"坚持平等保护物权，形成各种所有制经济平等竞争、相互促进新格局"，深化了社会主义基本经济制度的内涵。2013年中国共

2001年，江苏省大丰市新桥村村民收购冬季稻谷销往外地。昔日看天吃饭、靠政府收购粮食赚钱的现象逐渐消退，更多的农民通过市场经济找到致富之路。

产党十八届三中全会提出：公有制经济和非公有制经济都是社会主义市场经济的重要组成部分，都是中国经济社会发展的重要基础；公有制经济财产权不可侵犯，非公有制经济财产权同样不可侵犯；国家保护各种所有制经济产权和合法利益，坚持权利平等、机会平等、规则平等，废除对非公有制经济各种形式的不合理规定，消除各种隐性壁垒，激发非公有制经济活力和创造力。2014年中国共产党十八届四中全会提出要"健全以公平为核心原则的产权保护制度，加强对各种所有制经济组织和自然人财产权的保护，清理有违公平的法律法规条款"。2015年中国共产党十八届五中全会强调要"鼓励民营企业依法进入更多领域，引入非国有资本参与国有企业改革，更好激发非公有制经济活力和创造力"。

同时，对公有制实现形式的认识也逐渐深入。过去，中国将公有制主体地位主要理解为数量和结构优势，尤其对其中的国有企业，认为其资产的绝对数量应当在社会总资产中占到简单多数，并认为已经是公有制的集体经济还需要加快过渡到全民所有制。1997年，中国共产党第十五次全国代表大会突破了这种不分地区、不分产业、不讲质量的笼统的"公有制主体地位"认识，提出公有制的主体地位主要体现在：公有资产在社会总资产中占优势；国有经济控制国民经济命脉，对经济发展起主导作用。就全国而言，有的地方、有的产业可以有所差别。公有资产占优势，要有量的优势，更要注重质的提高。国有经济起主导作用，主要体现在控制力上。只要国家控制经济命脉，国有经济的控制力和竞争力得到增强，国有经济的比重减少一些，不会影响中国的社会主义性质。国有经济的内涵随着时代的变化也产生了变化。过去是国有国营，所有权经营权合二为一，现在是国有控股，投资主体多元化，有大量的社会投资，特别是现在的国有上市公司，拥有大量的外部资本。2003年中国共产党十六届三中全会《关于完善社会主义市场经济体制若干问题的决定》，又进一步提出股份制是公有

取消福利分房政策出台后，广州的商品房特别是商品住宅房市场由冷转热。图为1998年广州某住宅楼发售时市民排队等候认购。

制主要实现形式的论断。

    中国还制定和完善了促进非公有制经济发展的法律法规，完善了保护私人财产的法律制度。1999年，全国人大第三次修改宪法，明确了"在法律规定范围内的个体经济、私营经济等非公有制经济是社会主义市场经济的重要组成部分"。2004年，全国人大第四次修改宪法，承认了合法私有财产的法律地位。2005年，国务院出台了《关于鼓励支持和引导个体私营等非公有制经济发展的若干意见》。2007年，《物权法》《企业所得税法》《反垄断法》《劳动合同法》等一系列与推进公有制经济改革、促进非公有制经济发展相关的法律相继出台。

    中国共产党十八届三中、四中、五中全会推出了一系列扩大非公有制企业市场准入、平等发展的改革举措，主要有：鼓励非公有制企业参与国有企业改革，鼓励发展非公有资本控股的混合所有制企业，各类市场主体可依法平等进入负面清单之外领域，允许更多国有经济和其他所有制经济发展成为混合所有制经济，国有资本投资项目允许非国有资本参股，允许具备条件的民间资本依法发起设立中小型银行等金融机构，允许社会资本通过特许经营等方式参与城市基础设施投资和运营，鼓励社会资本投向农村建设，允许企业和社会组织在农村兴办各类事业，等等。为贯彻落实中国共产党第十八次全国代表大会和十八届三中、四中、五中全会精神，中国接续出台了一大批相关政策措施，可以说，已经形成了鼓励、支持、引导非公有制经济发展的政策体系，非公有制经济发展面临前所未有的良好政策环境和社会氛围。

总之，基于对社会主义初级阶段的认识，中国最终确立了"公有制为主体、多种所有制经济共同发展"的社会主义初级阶段的基本经济制度。在继续发展公有制经济的同时，中国允许和鼓励、引导个体、私营等非公有制经济的发展，从而大大解放了社会生产力，调动了各方面的积极因素加快推进社会主义现代化建设，经济迅速起飞并创造

2016 年 10 月 27 日，中国快递企业中通快递在纽约证券交易所正式挂牌交易。

出让世人瞩目的"中国奇迹"。随着实践的发展，中国还会进一步深化对所有制结构问题的认识，丰富和发展社会主义市场经济理论，并进而指导中国经济发展的实践。

以人民为中心的发展思想

以人民为中心的发展思想是以习近平为核心的党中央在继承中国共产党人民观的基础上，在治国理政的长期实践与思考中逐步形成和完善的。在新民主主义革命时期，以毛泽东为主要代表的中国共产党人将全心全意为人民服务确立为中国共产党的根本宗旨，并依靠人民群众这一铜墙铁壁赢得了革命与建设事业的辉煌胜利。在开启与推进改革开放与中国特色社会主义事业进程中，邓小平指出："人民拥护不拥护、人民赞成不赞成、人民高兴不高兴、人民答应不答应，是全党想事情、做工作对不对好不好的基本尺度。"伴随着改革开放的不断深入和社会主义市场经济逐步发展，江泽民提出"三个代表"重要思想，特别强调中国共产党要始终代表中国最广大人民的根本利益。面对发展中出现的诸如唯 GDP 主义、"见物不见人"等倾向，胡锦涛提出科学发展观并指出其核心是以人为本。

在经济建设方面，作为习近平新时代中国特色社会主义经济思想主要内容的新发展理念集中体现了以人民为中心。新发展理念既将人民作为发展的出发点和落脚点，又将发展作为契合出发点和落脚点的第一要务。通过创新发展，把人才作为支撑发展的第一资源，激发亿万群众的创造活力，提高发展的质量和效益，以更好更多的发展成果造福人民。通过协调发展，解决区域发展不平衡、城乡发展不协调、产业结构不合理、经济发展和社会发展"一条腿长、一条腿短"等问题，筑牢人民群众根本利益一致性的基础。通过绿色发展，为人民群众创造良好生产生活环境。通过开放发展，用好国际国内两个市场、两种

2016 年 11 月，"中国宫灯第一村"——河北屯头村的商户正在忙碌。该村年产宫灯 5000 万对，占中国宫灯总产量的 80% 以上，并通过开设网店将产品销往全国。

资源，为人民群众生活水平提高夯实基础。通过共享发展，使全体人民在共建共享发展中有更多获得感，使全体人民朝着共同富裕方向稳步前进。

坚持以人民为中心的发展思想，就是要从人民群众的根本利益出发谋发展、促发展，不断满足人民群众日益增长的美好生活需要，努力促进人的全面发展。以人民为中心的发展思想不仅从一个方面科学回答了实现什么样的发展、怎样发展的基本问题，而且明确回答了发展为了谁、发展依靠谁、发展成果由谁享有的问题，是对中国特色社会主义理论体系的丰富和发展。

发展依靠人民。要全面调动人的积极性、主动性、创造性，为各行业各方面的劳动者、企业家、创新人才、各级干部创造发挥作用的舞台和环境。要求人人参与、人人尽力，人人都为国家发展、民族振兴和个人幸福贡献自己的力量。在人人参与、人人尽力中共同推进国家建设。比如，体现在创新发展上，就是要以"聚天下英才而用之"的胆识，注重在创新实践中发现人才、培育人才、凝聚人才，推动大众创业、万众创新；体现在协调发展上，就是要坚持全国"一盘棋"思想，统筹各地区、各领域、各行业的资源和力量，充分发挥广大工人、农民、知识分子、企业家等的作用，共同推动发展；体现在共享发展上，就是要鼓励全体人民敢于有梦、勇于追梦，让每个人通过自己的辛勤付出，都能拥有梦想成真的机会，都能合理分享发展成果。一句话，就是要广泛动员和组织人民，汇聚起推动发展的磅礴力量。

发展为了人民。中国共产党领导经济工作，集中研究人民群众关心的突出事项，着眼于人的衣食住行，从百姓关切的突出问题入手部署经济工作，始终把人民的冷暖放在首要位置。从楼市到股市，从"城市病"到"乱收费"，从"钱袋子的安全"到"舌尖上的安全"……切实提高了人民群众获得感和幸福感。其中，精准脱贫是坚持以人民为中心的发展思想的最具有代表意义的实践形式。2012—2017 年，人民生活持续改善。脱贫攻坚取得决定性进展，贫困人口减少 6800 多万，易地扶贫搬迁 830 万人，贫困发生率由 10.2% 下降到 3.1%。居民收

2018 年 10 月 9 日，全国"大众创业、万众创新"活动周在四川省成都市开幕。

入年均增长 7.4%，超过经济增速，形成世界上人口最多的中等收入群体。出境旅游人次由 8300 万增加到 1.3 亿多。教育事业全面发展。2017 年全国学前三年毛入园率为 79.6%，比 2010 年提高 23 个百分点；九年义务教育巩固率达 93.8%，比 2010 年提高 2.7 个百分点，初中阶段毛入学率超过 100%，小学学龄儿童净入学率达 99.9%；全国高中阶段毛入学率达 88.3%，比 2010 年提高 5.8 个百分点。社会养老保险覆盖 9 亿多人，基本医疗保险覆盖 13.5 亿人，织就了世界上最大的社会保障网。人均预期寿命达到 76.7 岁。棚户区住房改造 2600 多万套，农村危房改造 1700 多万户，上亿人喜迁新居。

发展成果由人民共享。人民是发展的主体，也是发展的最大受益者。让人民成为发展的最大受益者，就是要坚持发展成果由人民共享。当前，中国各领域各行业分配不公问题依然突出，城乡之间、区域之间在收入和公共服务水平上差距依然较大，人民群众对共享发展成果有着强烈期待。为此，中国必须始终坚持以经济建设为中心不动摇，

2018 年 2 月 8 日，贵州省惠水县明田易地搬迁扶贫安置区，万余名易地搬迁民众聚在一起，载歌载舞，共度新春佳节。

着力把发展的总量做大、质量做好，为共享发展提供雄厚的物质文化基础。同时，要根据人人参与、人人尽力、人人享有的原则作出更有效的制度安排，加快形成合理的收入分配格局，推动经济发展和民生改善互促共进。抓住群众最关心最直接最现实的利益问题，着力保障基本民生，在学有所教、劳有所得、病有所医、老有所养、住有所居上持续取得新进展，让全体人民在共建共享中有更多获得感。

人民立场是中国共产党的根本政治立场，是马克思主义政党区别于其他政党的显著标志。带领人民创造幸福生活，是中国共产党始终不渝的奋斗目标。顺应人民群众对美好生活的向往，坚持以人民为中心的发展思想，以保障和改善民生为重点，发展各项社会事业，加大收入分配调节力度，打赢脱贫攻坚战，保证人民平等参与、平等发展权利，使改革发展成果更多更公平惠及全体人民，朝着实现全体人民共同富裕的目标稳步迈进。在新的历史时期，在改革开放和为全面建成小康社会而奋斗的新的历史条件下，尤其是中国共产党的第十八次全国代表大会以来，习近平提出了一系列治国理政的新思想、新观点、新论断，进一步深刻揭示了中国共产党的执政理念、执政使命和价值追求，丰富和发展了中国特色社会主义的理论和实践，开拓了中国特色社会主义更加光明的前景。

共同富裕的根本目标

◎ 共同富裕的追求和挑战

公平正义，是人类追求美好社会的一个永恒主题，是社会发展进步的一种价值取向。在中国古代，孔子就提出："有国有家者，不患寡而患不均，不患贫而患不安。盖均无贫，和无寡，安无倾。"实现社会公平正义，实现全体人民共同富裕，是中国特色社会主义的重大任务和本质要求。回顾新中国的历史可以看出，中国共产党始终致力

2018 年 10 月 23 日，合肥某图书城工作人员为市民寻找图书。2018 年，合肥市级财政从"合肥市文化产业发展专项资金"中安排 1000 万元用于消费补贴。

于全体人民的共同富裕这个目标。20 世纪 50 年代发展国营经济和社会主义改造，目标是在单一公有制和计划经济下实现经济快速发展和共同富裕；改革开放以来，则是在多种经济成分并存和市场经济下实现经济快速发展和共同富裕。虽然环境和条件变了，方法和体制变了，但是目标始终没有变。

1992 年初，邓小平在南方谈话中指出，社会主义的本质是解放和发展生产力，消灭剥削，消除两极分化，最终达到共同富裕。1992 年 10 月，江泽民在中国共产党第十四次全国代表大会上提出建立社会主义市场经济体制改革目标时指出，逐步实现共同富裕，要兼顾效率与公平，既要鼓励先进，又要防止两极分化。2007 年，胡锦涛在中国共产党第十七次全国代表大会报告中指出，走共同富裕道路，要促进人的全面发展，保障人民权益，做到发展成果由人民共享。2013 年，习近平在中国共产党十八届三中全会上强调，实现共同富裕的目标，要深化社会体制改革，改善民生，促进社会公平正义。随着社会主义市场经济的快速发展，中国地区之间、城乡之间的贫富差距明显加大，这与共同富裕的目标相背离，同时也影响到中国经济发展和社会和谐。努力破解贫富差距难题，提高弱势群体和贫困地区的收入水平，成为历届中共中央领导集体努力实现共同富裕的必然选择。

习近平同志在中国共产党第十九次全国代表大会报告中将中国从2020年到21世纪中叶的发展分为两个阶段，在第一个阶段完成时，"人民生活更为宽裕，中等收入群体比例明显提高，城乡区域发展差距和居民生活水平差距显著缩小，基本公共服务均等化基本实现，全体人民共同富裕迈出坚实步伐"；在第二个阶段完成时，"中国物质文明、政治文明、精神文明、社会文明、生态文明将全面提升，实现国家治

诞生在湖南省最贫困地区的湘西经济开发区于2004年7月7日开工建设，经过10余年的建设发展，目前已经形成了宜居、宜业、宜游的城市格局，成为武陵山区的一颗明珠。

理体系和治理能力现代化，成为综合国力和国际影响力领先的国家，全体人民共同富裕基本实现"。

社会主义的本质要求决定了中国追求的发展是造福人民的发展，追求的富裕是全体人民共同富裕。正如罗马不是一天建成的，新时代实现共同富裕也必然是一个过程。习近平在中国共产党第十九次全国代表大会报告中指出："这个新时代，是全国各族人民团结奋斗、不断创造美好生活、逐步实现全体人民共同富裕的时代。"

中国共产党第十八次全国代表大会把"必须坚持走共同富裕道路"作为在新的历史条件下夺取中国特色社会主义新胜利的一个基本要求，特别强调共同富裕是中国特色社会主义的根本原则。习近平在新一届中共中央政治局常委同中外记者见面时的讲话中就郑重承诺：人民对美好生活的向往就是我们的奋斗目标，我们的责任就是要团结带领全党全国各族人民，继续解放思想，坚持改革开放，不断解放和发展社会生产力，努力解决群众的生产生活困难，坚定不移走共同富裕的道路。这反映了全党全国各族人民的共同愿望，是实现社会主义现代化和民族振兴中国梦的根本要求。

◎公平与效率并重的分配制度

分配制度是一个重大的理论问题和实践问题。分配不仅是社会再生产过程中的一个重要环节，在生产和消费之间起着承上启下的关键作用，而且还能够揭示一定社会制度下各经济利益主体之间的利益关系，并反映出这种利益关系背后的各种决定因素。分配制度是否合理有效，直接关系到国民经济能否持续、快速和健康稳定地发展，关系到社会的安定和国家的长治久安。

从1956年社会主义改造完成到1978年改革开放前的20多年间，在收入分配制度方面，按劳分配是这一时期唯一的分配方式，其具体形式为：全民所有制企业、机关和事业单位以及城镇集体企业都实行工资制；农村集体经济实行工分制。主要特点如下：

首先，政府在收入分配体制中处于绝对主导的地位。城市全民所有制企业实行八级工资制，政府机构和科教文卫等广大的事业单位实行等级工资制。政府具体规定每个行业、每个工资级别的工资标准。在农村，政府严格规定集体经济的分配原则、方法和积累消费的比例，生产队是基本的集体经营单位（平均每个生产队有 30 户左右的农户），农民按照劳动量的多少、劳动强度的大小以及劳动力的强弱来计算工分，并凭工分来参与生产队收入的分配，工分的分值取决于生产队的收入情况。生产队的纯收入取决于农产品的数量和价格，而当时农产品的价格绝大部分又由国家计划管理，所以农民的收入水平还要受到国家价格计划的调控。

其次，存在严重的平均主义。同一部门、同一产业的工资等级和工资标准全国基本统一（仅有很小的地区差别）。同时，企业职工的工资数量与企业经营状况好坏、经济效益高低相脱节。企业之间只要工资级别相同，无论是在经济效益好的企业还是在亏损企业，都可以拿同样数量的工资。在农村集体经济中，农民由生产队派活，集体劳动，凭工分按人口分配粮食等生活必需品，因此农村同样存在严重的平均分配倾向。

改革开放以来，中国在分配领域进行了一系列改革。重点是克服原有收入分配体制中存在的严重平均主义倾向，激发广大人民群众的生产积极性。邓小平在 1978 年率先提出："要允许一部分地区、一部分企业、一部分工人农民，由于辛勤努力成绩大而收入先多一些，生活先好起来。"

分配制度改革的实践，是以农村 20 世纪 80 年代初普遍实行家庭联产承包责任制为突破口的。家庭联产承包责任制明确划分了国家、集体、个人的权利、责任和利益关系，最有效地将农民的收入同他们的劳动成果挂起钩来。农村分配改革的成功对以后中国分配体制的改革产生了极为深远的影响。

1984年中国共产党十二届三中全会提出，企业职工资金由企业根据经营状况自行决定，国家只对企业适当征收超限额奖金税。在企业内部，要扩大工资差距，拉开档次，以充分体现奖勤罚懒、奖优罚劣，充分体现多劳多得，少劳少得，充分体现脑力劳动与体力劳动、复杂劳动与简单劳动、熟练劳动与非熟练劳动、繁重劳动与非繁重劳动之间的收入差别。同时要改变脑力劳动报酬偏低的状况。

1985年1月，国务院发布了《关于国有企业工资改革问题的通知》，决定从1985年开始，在国有大中型企业中实行职工工资总额同经济效益按比例浮动的办法。随着对社会主义初级阶段的认识不断加深，中共十三大提出：收入分配以按劳分配为主体，其他多种分配方式为补充，其中包括合法的非劳动收入；分配政策既要有利于善于经营的企业和诚实劳动的人先富起来，合理搞好收入差距，又要防止贫富悬殊，坚持共同富裕的方向，在促进效率提高的前提下体现社会公平。

1992年，中国共产党第十四次全国代表大会明确提出建立社会主

1981年，农业生产实行联产承包责任制后，农民干劲冲天，小麦喜获丰收。

1984年，黑龙江省黑河市农村生产队农机开始变卖给农户。图为在拖拉机上玩耍的儿童。

义市场经济体制，这就使分配体制的改革走上了一条既遵循宏观经济规律，又适合中国国情的正确道路。十四大提出：在分配制度上，以按劳分配为主体，其他分配方式为补充，兼顾效率与公平。中国共产党第十五次全国代表大会报告明确提出允许和鼓励资本、技术等生产要素参与收益分配，提出要把按劳分配和按生产要素分配结合起来，从而明确按生产要素分配的地位。同时要不断完善分配结构，既要坚持效率优先，促进经济发展，又要兼顾公平，促进社会稳定。

2002年，中国共产党第十六次全国代表大会在分配理论上主要是对按生产要素分配作出明确界定以及指出了如何贯彻"效率优先、兼顾公平"的"两个注重"原则。一是明确了劳动、资本、技术和管理是基本的生产要素，同时也没有否认知识、资源、信息等生产要素在财富创造中的积极作用；二是明确了生产要素按贡献分配；三是对效率与公平的关系作出了清晰的回答，即"初次分配注重效率，发挥市场的作用，鼓励一部分人通过诚实劳动、合法经营先富起来。再分配注重公平，加强政府对收入分配的调节职能，调节差距过大的收入"。2007年中国共产党第十七次全国代表大会报告首次提出初次分配中的公平，提出初次分配和再分配都要处理好效率和公平的关系，再分配更加注重公平；逐步提高居民收入在国民收入分配中的比重，提高劳动报酬在初次分配中的比重。2012年中国共产党第十八次全国代表大会报告提出实现居民收入增长和经济发展同步、劳动报酬增长和劳动生产率提高同步，多渠道增加居民财产性收入。

改革开放以来，在收入分配方面，中国打破了"大锅饭"和绝对平均主义的束缚，充分调动了人民群众的积极性和创造性，充分开发利用了人力资源丰富的比较优势，在不到40年的时间里创造出惊人的财富。但是我们也应该看到，市场经济必然导致居民收入差距和财富占有的悬殊，关键是如何将其限制在一定的合理的范围内。改革开放以来出现的居民之间收入和财富占有差距的扩大，既有合理的成分，也有不合理的成分。市场机制虽然具有扩大收入和财富占有差距的本质，但是市场经济体制的不完善和政府监管不力，则将这种差距扩大到不合理的程度，应该说这是继续深化改革的问题。还有就是发展中的问题，例如城乡之间、地区之间发展的不平衡。从时间阶段上看，也是利弊得失不同的。在改革开放初期普遍贫困、温饱是主要问题时，为"搞活经济"和打破平均主义，鼓励一部分人先富起来是对的，不仅促进了改革开放，也提升了全体居民生活水平。在20世纪90年代，为建立市场经济和加快经济发展，对于稀缺的资本和人群给予较高的收入回报，也是合理的。但是当市场经济确立、买方市场形成和人均收入达到中等水平后，政府对于资本主导收入分配的问题就应该加以控制和限制，并通过二次分配加以调节。这项工作虽然自2004年以后因"三农"问题严重而开始做，但是总的来说力度不够，具体的方法和步骤还在探索中。确定2020年消灭贫困和实行"精准扶贫"就是十八大以来的探索成果；同样，对供给侧结构性改革中的下岗职工实行社会政策"兜底"也是消灭城市贫困的有效办法。

总之，中国的分配体制经历了如下变迁过程：从最初的按劳分配演化到目前的按要素分配；从公平优先演变为效率优先、兼顾公平，再到今天的公平和效率并重。收入差距扩大是市场经济体制下至今全世界都没有解决的难题，而对于中国来说，还是一个发展过程中的阶段性问题。中国是一个人均资源匮乏、经济发展不平衡的发展中国家，工业化尚未完成，赶上和超过发达资本主义国家仍然是最重要的目标。实践已经证明，在现有的生产力水平下，单一公有制和计划经济虽然能够实现按劳分配，但是却不能够加快经济发展，不能实现富裕。中国要发展并赶上和超过发达资本主义国家，必须利用市场机制。资本主义的卡夫丁峡谷可以跨过，但是市场经济的卡夫丁峡谷却不能迈过，因为它是人类社会生产方式发展的必经阶段。现在问题的关键是怎样

2009年12月25日，新疆乌鲁木齐市廉租住房分配摇号仪式在该市房产交易管理中心举行，共有2972户符合规定的困难低收入家庭参与摇号，其中2655户居民通过摇号获得廉租住房分配资格。

在市场经济条件下，实现社会主义共同富裕的目标，而这是需要我们进一步探索和解决的问题。

收入分配问题实际上是公平与效率问题。改革开放以来的很长时间，在公平和效率二者之间中国更多地选择效率，由此带来城乡居民之间、地区之间、不同行业之间居民收入差距不断扩大。过去十年多的时间，中国的基尼系数一直高于 0.40，收入差距不断扩大。中国共产党第十九次全国代表大会报告在论述未来发展目标时提出，到 2035 年，城乡区域发展差距和居民生活水平差距显著缩小，基本公共服务均等化基本实现，全体人民共同富裕迈出坚实的步伐。到 2050 年，全体人民共同富裕基本实现。也就是说，未来在公平和效率二者当中将更多地强调公平。中国共产党十八届五中全会通过的"十三五"规划建议提出了创新、协调、绿色、开放、共享五大发展理念，当中的共享发展就有这层含义。所谓共享发展就是人人参与、人人尽力、人人分享的新机制，要让更多的人参与到中国的现代化进程。参与才有机会，在参与的过程中每个人发挥自己的作用，每个人能分享中国改革发展现代化的成果。

改革开放是决定当代中国命运的关键抉择

40 年来，按照可比价格计算，中国国内生产总值年均增长约 9.5%；以美元计算，中国对外贸易额年均增长 14.5%。中国人民生活从短缺走向充裕，从贫困走向小康。从 1978 年到 2017 年，城镇人均可支配收入由 343 元增加到 36000 多元，农村居民人均纯收入由 134 元增加到 13400 多元；基本医疗保险、社会养老保险从无到有，分别覆盖 13.5 亿人、9 亿多人；教育水平从相对落后跃居世界中上行列，城乡免费义务教育全面实现，高中阶段、高等教育毛入学率分别达 88.3%、45.7%；7 亿多人口摆脱绝对贫困，占同期全球减贫人口总数

2018年8月30日，"影像见证40年全国摄影大展"在中国国家博物馆开幕，集中彰显中国改革开放40年经济、政治、文化、社会、生态、民生等各方面所取得的成就。

的70%以上。中国用几十年时间走完了发达国家几百年走过的发展历程，创造了世界发展的奇迹。实践证明，改革开放是决定当代中国命运的关键抉择，是中国实现发展的必由之路。

改革是经济社会发展的强大动力。从计划经济体制向社会主义市场经济体制的转轨，使全社会发展活力和创新活力明显增强。新时代，中国改革已进入攻坚期和深水区，需要解决的问题十分繁重。要进一步解放和发展社会生产力，进一步激发和凝聚社会创造力，就必须以更大的政治勇气和智慧，不失时机深化重要领域改革，攻克体制机制上的顽瘴痼疾，突破利益固化的藩篱。

习近平在2013年从六个方面提出了全面深化改革需要深入调查

1980年，青岛造船厂青年工人参加劳动竞赛的场景。改革开放的政策唤起工人的生产热情。

研究的重大问题。第一，进一步形成全国统一的市场体系，形成公平竞争的发展环境。要把更好发挥市场在资源配置中的基础性作用作为下一步深化改革的重要取向，加快形成统一开放、竞争有序的市场体系，着力清除市场壁垒，提高资源配置效率。第二，进一步增强经济发展活力，为实现经济持续健康发展提供不竭动力。要坚持和完善基本经济制度，增强公有制经济特别是国有经济发展活力，鼓励、支持、引导非公有制经济发展，完善财税体系，发展更高水平的开放型经济体系，不断增强经济发展微观基础的活力。第三，进一步提高宏观调控水平，提高政府效率和效能。以加快转变政府职能为抓手，处理好政府和市场的关系。第四，进一步增强社会发展活力，促进社会和谐稳定。要通过社会体制改革创新，充分调动各方面积极性，最大限度增强社会发展活力，充分发挥人民群众首创精神，使全社会创造能量充分释放、创业活动蓬勃开展。第五，进一步实现社会公平正义，通过制度安排更好保障人民群众各方面权益。要在全体人民共同奋斗、经济社会不断发展的基础上，通过制度安排，依法保障人民权益，让全体人民依法平等享有权利和履行义务。第六，进一步提高党的领导水平和执政能力，充分发挥党总揽全局、协调各方的作用。改革开放任务越繁重，越要加强和改善党的领导，越要确保党始终成为中国特色社会主义事业的坚强领导核心。要把党要管党、从严治党落到实处，增强全党特别是领导干部理想信念的坚定性，完善党内制度体系特别是民主集中制，推进体制机制改革创新，加强惩治和预防腐败体系建设。这些重大问题需要在深入调查研究的基础上作出回答，要结合实际、结合未来发展来进行解答，不断给出准确、科学的答案。

中国在进行改革的同时，不断深化对外开放，以开放促改革、促发展，是中国现代化建设不断取得新成就的重要法宝。过去，中国曾在外部经济封锁的环境下求生存，如今，中国已经和世界紧紧联系在一起。对内改革与对外开放是推动中国经济发展的两个轮子，是并列的关系。没有对外开放，就没有今天的中国经济发展面貌。

2017 年 9 月深圳经济特区航拍图

改革开放初期，对外贸易被看成是社会主义扩大再生产的补充手段，局限于互通有无、调剂余缺，并依然实行高度集中的指令性计划管理，由国营外贸公司集中统一经营，对外贸易远远不能适应经济发展的需要。

改革开放后，中国通过增设对外贸易口岸和下放外贸经营权，改变了高度集中的外贸经营管理体制；通过实行出口退税等政策，有力地促进了出口；通过运用价格、汇率、利率、退税、出口信贷等经济手段调控对外贸易。同时，以兴办经济特区和开放沿海地区为战略选择，中国对外开放和外向型经济发展实现重大突破。到1989年，中国出口在世界的排名由1980年的第26位上升到了第14位。

为了吸收外商直接投资，1979年中国颁布了《中华人民共和国中外合资经营企业法》，1980年批准了第一批三家外商投资企业。1986年，国务院颁布了《关于鼓励外商投资的规定》。此后，中国先后对经济特区、沿海开放城市和沿海经济开放区内吸收外资实行一些特殊政策，扩大地方外商投资的审批权限，发挥了各地利用外资的积极性，改善了投资环境，推动了吸收外资的发展。

20世纪90年代，中国建立了有管理的单一浮动汇率制度，实行银行结售汇制度，取消了外汇留成；取消了进出口指令性计划，对部分出口商品配额实行公开招标；逐步放开了外经贸经营权，推进外经贸经营权由审批制向登记制过渡；积极推动外经贸企业转换经营机制，进行股份制试点；完善出口退税政策，运用出口信贷、出口信用保险等国际通行手段支持外经贸发展。

同时，全方位、多层次、宽领域对外开放格局逐步形成。1990年中央决定开发开放上海浦东新区；1992年对外开放的地域又向纵深推进，相继开放了重庆、武汉、九江等6个沿江港口城市，以及满洲里等13个陆地边境城市和所有内地省会城市，并实施灵活的鼓励外商投资的区域经济政策；随后几年，又陆续开放了一大批符合条件的内地市县。

20世纪90年代，根据国内外形势的变化，中国政府先后提出了"以质取胜"战略、"市场多元化"战略、"大经贸"战略、"科技兴贸"战略，中国对外贸易实现了第二次飞跃，1990—1999年间出口年均增长14%，1999年出口在世界的排名跃升至第9位。

1999年，中央政府根据国内外形势的发展变化，从中国发展全局和战略的高度，明确提出了"走出去"战略。要求各地区、各部门共同努力，加快建立"走出去"战略的促进体系、保障体系、监管体系和服务体系，大力发展境外投资办厂加工装配、境外资源开发、对外工程承包与劳务合作等。

2001年，以加入世界贸易组织（WTO）为标志，中国对外开放进入了新阶段：由有限范围、领域、地域内的开放，转变为全方位、多层次、宽领域的开放；由以试点为特征的政策性开放，转变为在法律框架下的制度性开放；由单方面为主的自我开放市场，转变为中国与世贸组织成员之间的双向开放市场；由被动地接受国际经贸规则的

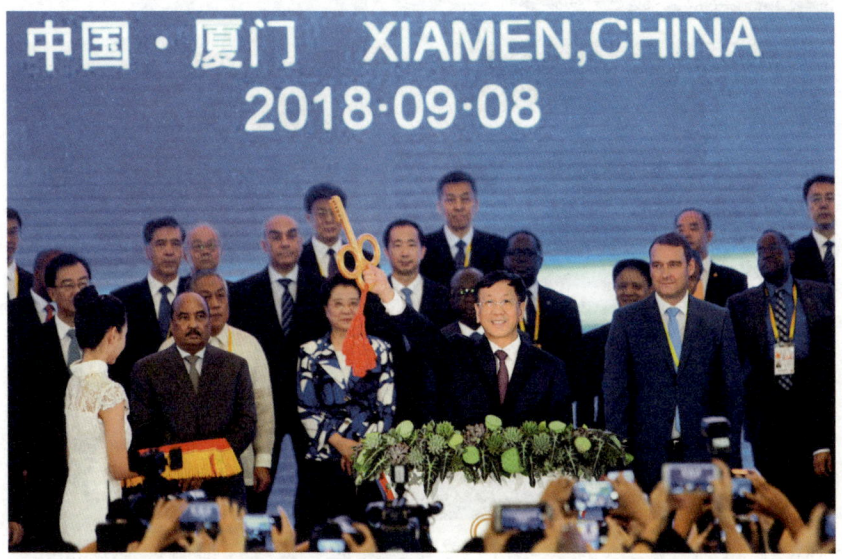

2018年9月8日，第二十届中国国际投资贸易洽谈会在福建厦门开幕。

开放，转变为主动参与制定国际经贸规则的开放；由只能依靠双边磋商机制协调经贸关系的开放，转变为可以多双边机制相互结合和相互促进的开放。加入 WTO 为中国参与经济全球化开辟了新的途径，为国民经济和社会发展开拓了新的空间。加入 WTO 以来，中国按承诺开放了包括金融、电信、建筑、分销、法律、旅游、交通等在内的众多服务领域，制定、修订、废止了 3000 余件法律、行政法规和部门规章，加强知识产权保护，投资环境进一步完善，利用外资的规模继续扩大，2017 年实际使用外商直接投资 1310 亿美元，比 1984 年增长91.3 倍，年均增长 14.7%。1979—2017 年，中国累计吸引外商直接投资达 18966 亿美元，是吸引外商直接投资最多的发展中国家。

实行全方位的对外开放，成功实现了从封闭半封闭到全方位开放。中国共产党坚持对外开放的基本国策，打开国门搞建设，加快发展开放型经济。从建立经济特区到开放沿海、沿江、沿边、内陆地区再到加入世界贸易组织，从大规模"引进来"到大踏步"走出去"，利用

2001 年 11 月 11 日，在天安门广场上游玩的一家人仔细阅读当日报纸关于中国"入世"的相关新闻。

2018 年 4 月 22 日，2018 海南建省办经济特区 30 周年环岛全民健跑（海口站）在海口世纪公园鸣枪开跑。

国际国内两个市场、两种资源水平显著提高，国际竞争力不断增强。中国共产党第十八次全国代表大会报告指出，中国开放型经济达到新水平，进出口总额跃居世界第二位。中国共产党第十九次全国代表大会报告提出"推动形成全面开放新格局"，强调"开放带来进步，封闭必然落后"，"中国开放的大门不会关闭，只会越开越大"，"中国坚持对外开放的基本国策，坚持打开国门搞建设"，"发展更高层次的开放性经济"。

2018 年 12 月 18 日，庆祝中国改革开放 40 周年大会在北京人民大会堂举行。大会上指出，1978 年中国共产党召开的十一届三中全会，实现了新中国成立以来历史上具有深远意义的伟大转折，开启了改革开放和社会主义现代化的伟大征程。40 年的实践充分证明，改革开放是中国共产党和人民大踏步赶上时代的重要法宝，是决定当代中国命运的关键一招，也是决定实现"两个一百年"奋斗目标、实现中华民族伟大复兴的关键一招。

第二章 中国经济发展新常态

科学认识当前形势，准确研判未来走势，是做好经济工作的基本前提。在综合分析世界经济长周期的基础上，结合中国发展阶段性特征及其相互作用，作出中国经济发展进入新常态的判断，是关系中国经济发展全局的重要战略判断。这对中国把握发展战略转机、推动经济发展迈向新高度具有重大指导作用，不仅是中国特色社会主义事业的重大理论成果，对世界上其他国家工业化进程也有重要的思想启示意义。中国经济发展进入新常态，是中国经济发展阶段性特征的必然反映，是不以人的意志为转移的。认识新常态，适应新常态，引领新常态，是当前和今后一个时期中国经济发展的大逻辑。

2014 年 5 月，习近平在河南考察时首次明确提出新常态。同年 12 月，他在中央经济工作会议上首次系统地阐述了中国经济新常态四大特点：经济增长速度从高速转向中高速，经济发展方式从规模速度型粗放增长转向质量效率型集约增长，经济结构从增量扩能为主转向调整存量、做优增量并存的深度调整，经济发展动力从传统增长点转向新的增长点。这一重大战略性判断和部署，为未来发展指明方向，指引中国经济走向新高度。

中国经济发展速度的转变

改革开放 40 年来，中国经济发展步入快车道。1978 年，中国国内生产总值只有 3679 亿元，之后连续跨越，1986 年上升到 1 万亿元，1991 年上升到 2 万亿元，2000 年突破 10 万亿元大关，2006 年超过 20 万亿元，2017 年首次站上 80 万亿元的历史新台阶，达到 827122 亿元，当年经济增量折合 1.2 万亿美元，中国国内生产总值按不变价计算比 1978 年增长 33.5 倍，年均增长 9.5%，平均每 8 年翻一番，远高于同期世界经济 2.9% 左右的年均增速，在全球主要经济体中名列前茅，中国经济成为带动世界经济增长的重要引擎。

2014—2018 年国内生产总值及其增长速度

经过改革开放近 40 年的发展，中国经济增长速度正从 10% 左右的高速增长转向 7% 左右的中高速增长。2002—2012 年，其中有 6 年实现了 10% 以上的增长速度。高增长的态势更是使得国际国内对中国经济的高增速习以为常。从"十二五"（2011—2015）开始，GDP增速显著下行，2011 年增长速度为 9.5%，2012 年为 7.7%，2017 年增速为 6.9%，2018 年为 6.6%。

中国经济结构的变化

中华人民共和国成立以来，尤其是改革开放以来，中共中央、国务院一直十分重视三次产业协调发展问题。改革开放以来的 40 年，是中国经济快速发展的 40 年，也是经济结构逐步优化升级的 40 年，是经济发展的全面性、协调性和可持续性不断增强的 40 年。21 世纪以来，中国始终坚持把加快经济发展方式转变作为深入贯彻落实科学发展观的重要目标和战略举措，始终坚持把经济结构战略性调整作为主攻方向，坚定不移调结构，脚踏实地促转变，从"快字当头"到"好字优先"，中国结构调整不断迈出新步伐，经济发展的全面性、协调性和可持续性明显增强。三次产业协同性增强，农业基础稳固、工业生产能力全面提升、服务业全面发展的格局逐步形成。

在不放松农业基础的同时，大力促进工业和服务业的快速发展。中国的产业发展实现了由少到多，由弱到较强的转变；产业结构的变化也基本符合世界产业结构演进的一般规律，三次产业结构不断向优化升级的方向发展。纵观新中国建立后的 GDP 中的三次产业结构变化，可以发现以下几个特点：

中国各产业之间及其内部的比例关系都有了明显的改善。中国第一产业比重下降，而第二产业、第三产业比重上升。第一产业的比重由改革开放初期的 30% 左右下降至 2012 年的 10.1%，2018 年的 7.2%。

中国推动农业产业化经营发展，促进农民增收。图为一家现代化农业种植大棚。

第二产业的比重先由 1980 年的 48.22% 下降到 1990 年的 42.32%，到 2012 年再次回升到 45.3%，2018 年降至 40.7%。第三产业的比重由 1980 年的 21.87% 升至 2012 年 44.6%，2018 年的 52.2%。

从三次产业对 GDP 增长的拉动和对 GDP 增长的贡献率上看，国民经济总量增长从主要由第一、二产业带动转为主要由第二、三产业带动。从各年度看，GDP 增长几乎有 50% 以上都来自第二产业，30% 以上来自第三产业，只有不足 10% 的份额来自第一产业。第二产业特别是工业的增长成为中国经济快速增长的主要动力之一，说明中国的工业化取得了进步。近年来，第三产业的发展也较为迅速，占 GDP 的比重超过 50%，说明中国的产业结构有所变化，但与发达国家相比还有差距。

中国三次产业的就业结构也发生了很大变化。第一产业的劳动力占总劳动力的比重自改革开放以后就不断下降，从 1978 年的超过 70% 下降到 2012 年的 33.6%, 2016 年的 27.7%。第二产业和第三产业的就业人数不断增加, 分别从 1978 年的 17.3% 和 12.2% 提上到 2012 年的 30.3% 和 36.1%, 2017 年达到 28.8% 和 43.5%。

从产业内部来看, 农业基础地位更加巩固, 由单一种植业为主的传统农业向农林牧渔业全面发展转变。改革开放初期, 在"以粮为纲"的政策引导下, 中国农业发展以种植业为主, 产品种类单一, 发展不平衡。随着农业政策不断优化调整, 农林牧渔业总产值中, 农业比重由 1978 年的 80% 下降至 2017 年的 53.8%, 林、牧、渔业比重分别由 3.4%、15% 和 1.6% 提高至 2017 年的 4.3%、26.4% 和 10.7%。农业现代化水平不断提高。2017 年, 农业科技进步率已超过 56%, 全国农作物耕种收综合机械化率超过 66%, 主要农作物良种覆盖率稳定在 96% 以上。近年来, 农业种植结构和区域布局调整优化, 高效经济作物种植面积增加, 粮食主产区稳产增产作用日益显现。2017 年, 粮食主产区产量占全国粮食总产量的比重为 76.2%, 比 1978 年提高 6.9 个百分点。

工业发展向中高端迈进, 门类齐全、独立完整、有较高技术水平

2018 年 11 月 16 日, 山东威海, 荣成市石岛管理区桃园码头一片繁忙景象。

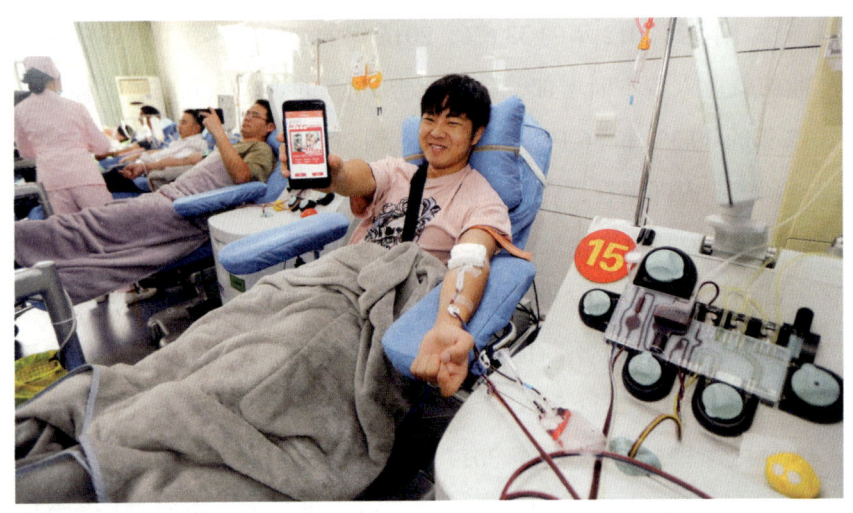

2018年9月1日，云南省昆明市，中国首个"互联网＋无偿献血服务平台"正式上线运行。

的现代工业体系逐步建立。改革开放初期，中国工业以劳动密集型的一般加工制造为主，随着工业化快速发展，工业结构调整取得明显成效，逐步从结构简单到门类齐全、从劳动密集型工业主导向劳动资本技术密集型工业共同发展转变。目前，中国工业有41个大类、207个中类、666个小类。

　　服务业层次不断提升，现代服务业、新兴服务业迅猛发展。改革开放初期，服务业作为"非生产部门"，发展相对滞后，主要以批发零售、交通运输等传统服务业为主。随着经济发展和人民生活水平提高，生产性和生活性服务需求快速增长，现代服务业蓬勃兴起，发展势头迅猛。近年来，战略性新兴服务业快速发展，形成了一批各具特色、业态多样、功能完善的新兴服务业集聚区和产业集群。2018年，战略性新兴服务业营业收入比上年增长14.6%，增速快于全部规模以上服务业3.2个百分点。顺应居民消费升级的大趋势，旅游、文化、体育、健康、养老等幸福产业发展方兴未艾。2013—2016年，文化及相关产业增加值年均名义增长13.7%。2018年国内游客55.4亿人次，比上年增长 10.8%；国内旅游收入 51278 亿元，增长 12.3%。

恩格尔系数是指食品支出总额占个人消费支出总额的比重。随着国家的富裕，这个比例呈下降趋势。2018 年中国居民恩格尔系数为 28.4%，比上年下降 0.9 个百分点，反映出居民消费结构在改善。经济增长的质量和效益在改善，2018 年单位国内生产总值能耗下降 3.1%。

中国经济发展动力的转化

2012—2017 年，中国经济结构出现重大变革。消费贡献率由 54.9% 提高到 58.8%，服务业比重从 45.3% 上升到 51.6%，成为经济增长主动力。高技术制造业年均增长 11.7%。粮食生产能力达到 1.2 万亿斤。城镇化率从 52.6% 提高到 58.5%，8000 多万农业转移人口成为城镇居民。2018 年上半年消费对经济增长的贡献率达到 78.5%，比上年同期提高了 14.2 个百分点。

2018 年 9 月 8 日，江苏连云港港口码头，一批国产铸管在等待装船出口海外。

2012—2017 年间，发展新动能迅速壮大，经济增长实现由主要依靠投资、出口拉动转向依靠消费、投资、出口协同拉动，由主要依靠第二产业带动转向依靠三次产业共同带动。这是中国多年想实现而没有实现的重大结构性变革。

在扩大内需战略的带动下，内需对经济增长的拉动作用显著增强。尤其是在应对国际金融危机冲击中，内需的强劲增长有效弥补了外需的不足，对实现经济平稳较快发展起到了极为关键的作用。2008—2017 年，内需对经济增长的年均贡献率达到 105.7%，超过 100%。其中，贡献率最高的年份为国际金融危机冲击最为严重的 2009 年，内

2000—2018 年各产业增加值及占国内生产总值比重

年份	第一产业（亿元）	第二产业（亿元）	第三产业（亿元）	第一产业占比（%）	第二产业占比（%）	第三产业占比（%）
2000	14717	45664	39897	14.7	45.5	39.8
2002	16190	54105	51421	13.3	44.5	42.2
2004	20904	74286	66648	12.9	45.9	41.2
2006	23317	104361	91759	10.6	47.6	41.8
2008	32753	149956	136805	10.3	46.9	42.8
2010	39362	191629	182038	9.5	46.4	44.1
2012	50902	244643	244821	9.4	45.3	45.3
2014	58343	277571	308058	9.1	43.1	47.8
2016	63672	296547	383365	8.6	39.9	51.6
2017	65467	334622	427041	7.9	40.5	51.6
2018	64734	366001	469575	7.2	40.7	52.2

需对经济增长的贡献率达到142.6%；贡献率最低的年份为世界经济回稳的2017年，贡献率也达到90.9%。居民收入保持较快增长，消费升级势能持续增强。

随着消费市场持续较快增长，国内消费对经济增长的拉动作用持续增强，成为经济增长的第一驱动力。最终消费支出对国内生产总值增长的贡献率由1978年的38.3%提升至2017年58.8%，40年间提升20.5个百分点，成为国民经济增长的主要动力；资本形成总额对国内生产总值增长的贡献率由1978年的67.0%回落至2017年32.1%，回落34.9个百分点。消费成为保持经济平稳运行的"稳定器"和"压舱石"。

从消费需求看，过去，中国消费具有明显的模仿型排浪式特征，你有我有全都有，消费是一浪接一浪地增长。现在，随着人民生活水平的不断提高和市场供给端的长足进步，居民消费由实物型向服务型转变。文化娱乐、休闲旅游、大众餐饮、教育培训、医疗卫生、健康养生等服务性消费成为新的消费热点，体验类消费快速发展。模仿型排浪式消费阶段基本结束，消费拉开档次，个性化、多样化消费渐成

2018年4月10日，哈尔滨市民在超市选购果蔬产品。

2003 年，黑龙江省黑河市普通市民在使用手机。

主流，保证产品质量安全、通过创新供给激活需求的重要性显著上升。

居民耐用消费品不断升级，从 20 世纪 80 年代的自行车、缝纫机、手表"老三件"到 90 年代的彩电、冰箱、洗衣机"新三件"，再到新世纪移动电话、计算机和汽车成为消费新宠。2017 年，全国居民每百户拥有的移动电话、计算机和家用汽车分别为 240 部、58.7 台、29.7 辆，比 2013 年增加 36.8 部、9.8 台、12.8 辆。2018 年，全年全国居民人均消费支出 19853 元，比上年增长 8.4%，扣除价格因素，实际增长 6.2%；全国居民人均消费支出中，交通通信、教育文化娱乐、医疗保健支出占比分别为 13.5%、11.2% 和 8.5%。随着中国收入水平提高和消费结构变化，供给体系进行一些调整是必然的，但中国有 13 亿多人，总体消费水平还不高，余地还很大。必须采取正确的消费政策，释放消费潜力，使消费继续在推动经济发展中发挥基础作用。

2018 年全国居民人均消费支出及其构成

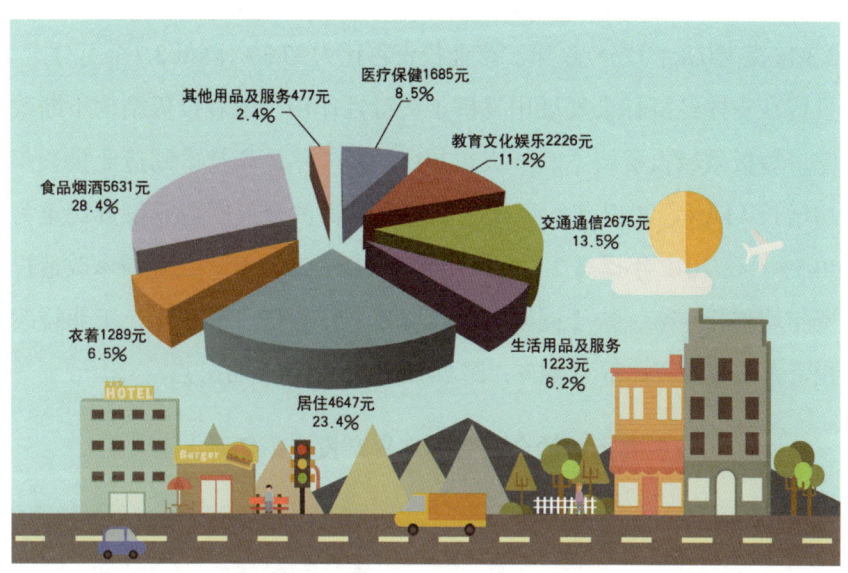

从出口看，国际金融危机发生前，国际市场空间扩张很快，只要有成本优势，出口就能扩大，出口成为拉动中国经济快速发展的重要动能。现在，全球总需求不振，中国 2018 全年货物进出口总额 305050 亿元，比上年增长 9.7%。其中，出口 164177 亿元，增长 7.1%；进口 140874 亿元，增长 12.9%。货物进出口顺差 23303 亿元，比上年减少 5217 亿元。对"一带一路"沿线国家进出口总额 83657 亿元，比上年增长 13.3%。其中，出口 46478 亿元，增长 7.9%；进口 37179 亿元，增长 20.9%。

从投资需求看，过去，投资需求空间巨大，只要有钱敢干，投资都有回报，投资在经济发展中扮演着重要角色。现在，经历了 30 多年高强度大规模开发建设后，传统产业、房地产投资相对饱和，但基础设施互联互通和一些新技术、新产品、新业态、新商业模式的投资机会大量涌现，对创新投融资方式提出了新要求。1995—2017 年，第一产业投资年均增长 19.2%，第二产业投资年均增长 17.8%，第三产业投资年均增长 17.9%。2017 年，第三产业投资占固定资产投资（不含农户）的比重为 59.4%，比 1995 年提高 2.9 个百分点；第一产业投资占比为 3.3%，提高 0.8 个百分点；第二产业投资占比为 37.3%，降低 3.7 个百分点。投资在支撑经济社会发展中发挥了关键性作用。随着投资结构不断改善，短板领域投资将不断加大。2013—2017 年，高技术制造业投资年均增长 14.6%。2017 年，高技术制造业投资占全部制造业投资比重为 13.5%，比 2012 年提高 2.8 个百分点。2013—2017 年，工业技术改造投资年均增长 17%，快于同期工业投资 6 个百分点。2017 年，工业技改投资占工业投资比重为 44%，比 2012 年提高 11 个百分点。

主要行业的全社会固定资产投资（亿元）

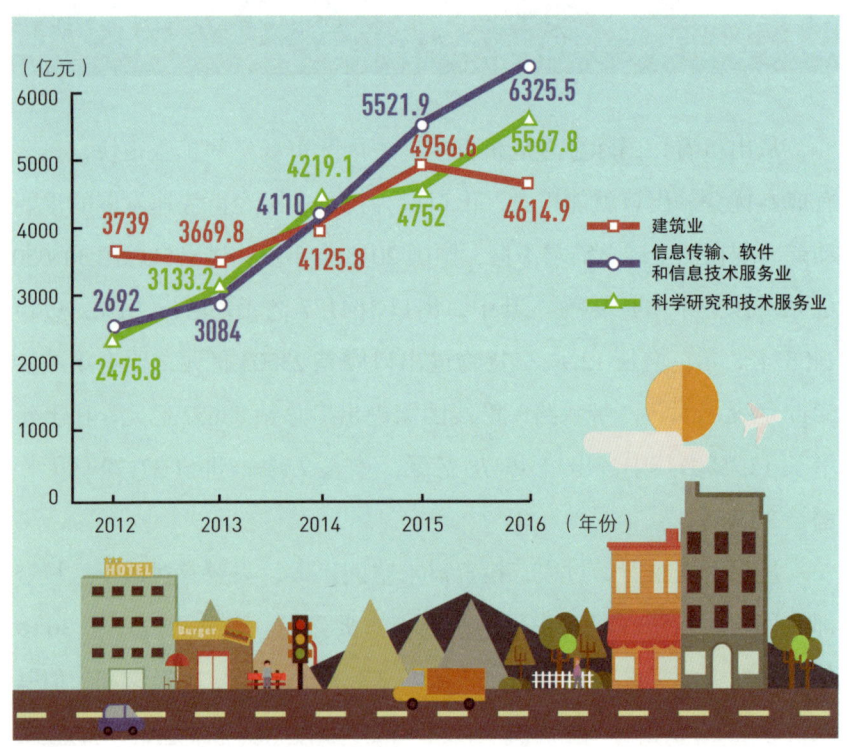

数据来源：《中国统计年鉴 2017》

中国人口年龄结构和抚养比（%）

数据来源：《中国统计年鉴2018》

2018 年年末人口数及其构成

指 标	人口（万）	比重（%）
全国总人口	139538	100.0
其中：城镇	83137	59.58
乡村	56401	40.42
其中：男性	71351	51.1
女性	68187	48.9
其中：0—15岁（含不满16周岁）	24860	17.8
16—59岁（含不满60周岁）	89729	64.3
60周岁及以上	24949	17.9
其中：65周岁及以上	16658	11.9

中国经济增长从要素驱动、投资驱动转向创新驱动。过去，中国有源源不断的新生劳动力和农业富余劳动力，劳动力成本低是最大优势，引进技术和管理就能迅速变成生产力。现在，人口老龄化日趋发展，劳动年龄人口总量下降，农业富余劳动力减少，在许多领域中国科技创新与国际先进水平相比还有较大差距，这就使要素的规模驱动力减弱。随着要素质量不断提高，经济增长将更多依靠人力资本质量和技术进步，必须让创新成为驱动发展新引擎。

中国经济社会发展不平衡问题

中国地区差异大、人口多、底子薄、经济发展不平衡，是经济和社会发展面临的长期基本国情。改革开放后中国经济虽然得到平稳较快发展，综合国力大幅提升，中国经济总量在世界经济中的排名不断攀升，从 1970 年的第八名，上升到 2010 年的第二名，但是发展中不平衡、不协调、不可持续问题依然突出，经济社会发展的不平衡性仍然是中国发展中最大的一个国情。

中国仍然是世界上最大的发展中国家。中国的人均国内生产总值仅相当于全球平均水平的三分之二、美国的七分之一，排在世界第 80 位左右。按照中国自己的标准，中国还有 7000 多万贫困人口。如果按照世界银行的标准，中国则还有两亿多人生活在贫困线以下。中国城乡有 7000 多万低保人口，还有 8500 多万残疾人。

就城乡居民收入差距来说，经历 20 世纪 80 年代短暂的缩小，90 年代到 2008 年以前，呈现出不断扩大的趋势。2010 年中国城镇居民家庭人均可支配收入是农村居民家庭人均收入的 3.23 倍。2010 年以来农村居民收入实际增长连续 8 年快于城镇，城乡收入差距有所下降，但是 2017 年城市居民收入仍是农村居民收入的 2.7 倍。

1978—2017 年城乡居民收入差距的变化

年份	农村居民家庭人均纯收入（元）	城镇居民家庭人均可支配收入（元）	城乡居民人均收入差额(元)	城乡居民人均收入比例(倍)
1978	133.6	343.4	209.8	2.57
1980	191.3	477.6	286.3	2.50
1985	397.6	739.1	341.5	1.86
1990	686.3	1510.2	823.9	2.20
1995	1577.7	4283.0	2705.3	2.71
2000	2253.4	6280.0	4026.6	2.79
2003	2622.2	8472.2	5850	3.23
2010	5919	19109	13190	3.23
2012	7917	24565	16648	3.1
2013	9429.6	26467	17037.4	2.8
2014	10488.9	28843.9	18355	2.75
2015	11421.7	31194.8	19773.1	2.73
2016	12363.4	33616.2	21252.8	2.71
2017	13432	36396	22964	2.7

资料来源：中国国家统计局《中国统计摘要》和《中华人民共和国2017年国民经济和社会发展统计公报》。

　　就社会各阶层之间的差距来说，收入分配在不同群体和阶层之间存在着较大差异，呈现出中低收入群体的收入比重下降，高收入群体的比重上升，收入向高收入群体集中的现象。据世界银行估计，1982年中国全国居民收入基尼系数为 0.28，1990 年上升为 0.35，2001 年为 0.45。据中国社会科学院经济研究所收入分配课题组研究，全国居民收入基尼系数已由 1988 年的 0.382 上升到 2002 年的 0.454，2017年全国居民收入基尼系数超过 0.4。收入差距的持续扩大，会对社会安定产生不利影响，同时也严重制约了城乡市场开拓和消费需求扩大。

2003—2016 年全国居民人均可支配收入基尼系数

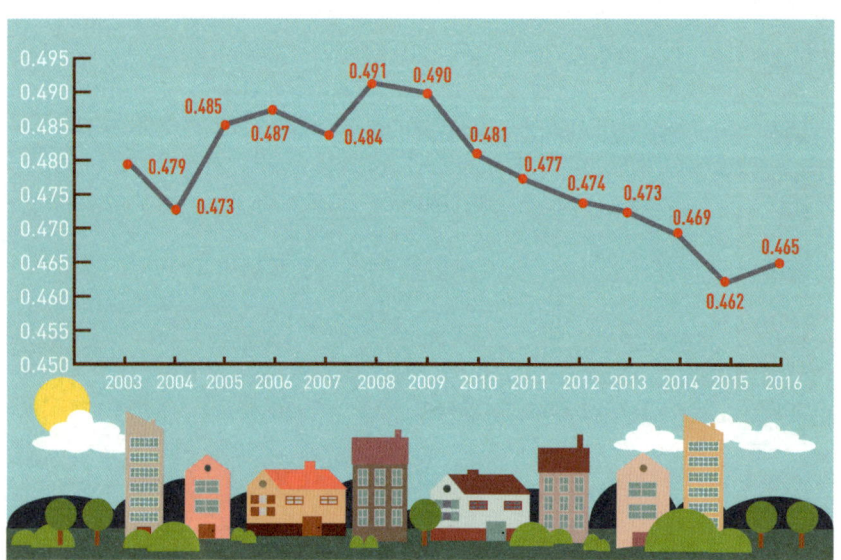

数据来源：中华人民共和国国家统计局网。

就区域之间的发展差异来说，东、中、西部的区位条件、原有基础以及政策倾斜等条件的差异，使得改革开放以来东、中、西部地区之间的差距呈现出不断扩大的趋势。从 1980 年到 2002 年，东部地区GDP 名义年均增长速度与中、西部地区相比，分别高出 1.6 个和 1.7个百分点。其中，1980—1990 年，东部地区 GDP 名义年均增长速度只比中、西部地区分别高 0.93 个和 0.5 个百分点；90 年代以后，随着东部市场化程度的不断提高，非公有制经济的迅速发展，特别是对外

中国石化川气东送工程，是贯穿中国东西部地区的天然气能源大动脉，对缓解中国天然气供需矛盾、推动能源结构调整，促进中西部和东部地区协调发展具有重要意义。图为四川达州中国石化川气东送天然气外输首站天然气外输装置。

开放领域的不断扩大，东部发展动力明显强于中、西部，GDP 名义年均增长速度比中、西部分别高 2.2 个和 2.8 个百分点。

1978 年，中国东部地区与中、西部地区之间人均 GDP 的绝对差距分别为 153.6 元和 212.9 元，到 1990 年分别扩大到 700.1 元和 885.8 元，1998 年又分别扩大到 4270 元和 5490.9 元（以上均当年价格）。再从相对差距来看，在 1983—1998 年间，中国东部与西部地区人均 GDP 的相对差距系数则由 44.4% 迅速增加到 57.7%，西部地区的人均 GDP 水平已不到东部地区的一半。2000 年东部地区经济总量是西部地区的 3.05 倍，在 2005 年达到峰值 3.24 倍。这种地区之间的不均衡发展，不仅限制了扩大内需，而且不利于西部地区的社会稳定。

20世纪90年代以来，为逐步解决地区发展差距拉大的问题，中国又相继作出了实施西部大开发、振兴东北地区等老工业基地、促进中部地区崛起等重大战略决策，中西部地区后发优势不断显现。2001—2017年，中、西部地区生产总值年均实际增长11.1%和11.6%，分别快于东部地区0.1和0.6个百分点。近年来，京津冀协同发展、长江经济带发展积极推进，新的经济增长极增长带加快形成。

全国居民按东、中、西部及东北地区分组的
人均可支配收入（单位：元）

组　别	2013	2014	2015	2016
东部地区	23658.4	25954.0	28223.3	30654.7
中部地区	15263.9	16867.7	18442.1	20006.2
西部地区	13919.0	15376.1	16868.1	18406.8
东北地区	17893.1	19604.4	21008.4	22351.5

2016年中国各地区GDP规模榜

排名	地方	GDP（亿元）	排名	地方	GDP（亿元）
1	广东	80854	17	广西	18317
2	江苏	77388	18	内蒙古	18128
3	山东	68024	19	天津	17885
4	浙江	47251	20	重庆	17740
5	河南	40471	21	黑龙江	15386
6	四川	32934	22	云南	14788
7	湖北	32665	23	吉林	14776
8	河北	32070	24	山西	13050

2016 年中国各地区 GDP 规模榜　　　（续表）

排名	地方	GDP（亿元）	排名	地方	GDP（亿元）
9	湖南	31551	25	贵州	11776
10	福建	28810	26	新疆	9649
11	上海	28178	27	甘肃	7200
12	北京	25669	28	海南	4053
13	安徽	24407	29	宁夏	3168
14	辽宁	22247	30	青海	2572
15	陕西	19399	31	西藏	1151
16	江西	18499			

数据来源：中华人民共和国统计局网

　　2016 年，除香港、澳门和台湾外，31 个省（自治区、直辖市）中有 14 个 GDP 超 2 万亿元。其中，GDP 超过 5 万亿元的有广东、江苏、山东 3 个省级单位；GDP 达到 3 万亿—4 万亿元的有浙江省、河南省、四川省、湖北省、河北省和湖南省。达到 2 万亿—3 万亿元的有福建、上海、北京、安徽和辽宁 5 个省级单位；1 万亿—2 万亿元的有陕西、江西、广西、内蒙古、天津、重庆、黑龙江、云南、吉林、山西和贵州 11 个省级单位。人均 GDP 低于 1 万美元的有新疆、甘肃、海南、宁夏、青海和西藏。

　　中国共产党第十八次全国代表大会指出，继续实施区域发展总体战略，充分发挥各地区比较优势，优先推进西部大开发，全面振兴东北地区等老工业基地，大力促进中部地区崛起，积极支持东部地区率先发展。采取对口支援等多种形式，加大对革命老区、民族地区、边疆地区、贫困地区扶持力度。

　　中国资源环境承载能力已经达到或接近上限，资源消耗多、环境

2015 年 12 月 2 日，河南省濮阳市，中国石化中原油田石油化工总厂技术人员正在二氧化碳回收项目装置区检测设备运行情况。

污染重、生态受损大，成为全面建成小康社会进程中的突出短板。自 2011 年以来，中国已成为世界第一工业大国，许多污染物排放总量都位居世界前列，给资源能源和环境保护带来巨大压力。尽管自 21 世纪以来，中国在节能减排、资源节约和环境保护方面投入巨大，取得一定成绩，近五年主要污染物排放总量正以年均 4% 左右的速度呈现逐年减少趋势，但目前"高投入、高排放、高污染"的生产模式尚未根本扭转。2017 年，全国 338 个地级及以上城市空气质量达标的仅占 1/4。

目前，中国经济发展存在以下问题：科技创新能力不强，产业结构不合理；农业基础依然薄弱，资源环境约束加剧，制约科学发展的体制机制障碍较多，深化改革开放和转变经济发展方式任务艰巨；城乡区域发展差距和居民收入分配差距依然较大；社会矛盾明显增多，教育、就业、医疗、住房、生态环境、食品药品安全、生产安全、社会治安、执法司法等关系群众切身利益的问题较多，部分群众生活比较困难。中国要继续保持经济的持续、稳定、健康发展，必须保持清醒头脑，增强忧患意识，深入分析问题背后的原因，采取有效举措加以解决。

第三章　以新发展理念引领经济发展新常态

　　理念是行动的先导，一定的发展实践都是由一定的发展理念来引领的。中国在国际上面对世界经济发展进入转型期、世界科技发展酝酿新突破的发展格局，在国内面对经济发展新常态，提出主动适应、把握、引领经济发展新常态，提高发展质量和效益，着力推进供给侧结构性改革，坚持创新、协调、绿色、开放、共享的发展理念。面对经济发展新常态，中国坚持新发展理念，使中国经济朝着更高质量、更有效率、更加公平、更可持续的方向前进。

由高速增长转向高质量发展

中国经济过去的年均增长率接近10%，GDP的世界占比由2.7%迅速提高到近15%，创造了世界经济史上的"中国奇迹"。经过改革开放40年的发展，中国社会生产力水平明显提高，人民生活显著改善。国际金融危机爆发后，世界经济格局不断发生深刻变化，中国经济发展的内在支撑条件和外部需求环境都已今非昔比。随着中国居民收入水平不断提高，消费者对高品质农产品、高端制造品和高质量服务的需求更加突出，但国内企业的现有产品供给还不能很好满足需求结构的这一变化，导致越来越多的优质农产品需求、高端制造品需求、高

2018年11月5日，在上海举行的首届中国国际进口博览会现场，多款工业机器人在智能及高端装备展区集中亮相。

2018 年 12 月 6 日，工人在位于河北宣化经济开发区的一家起重机生产企业工作。近年来，河北省张家口市宣化区围绕老工业基地转型实际，重点培育"工程机械和钻机钻具、环保设备、冰雪装备、新能源装备"四大支柱产业。

品质服务需求等高端需求转向海外市场。

　　比如，中国一些行业和产业产能严重过剩，同时大量关键装备、核心技术、高端产品还依赖进口，国内庞大的市场没有掌握在中国人自己手中。再比如，农业发展形势很好，但一些供给没有很好适应需求变化，牛奶就难以满足消费者对质量、信誉保障的要求，大豆生产缺口很大而玉米增产则超过了需求增长，农产品库存也过大了。还比如，一些有大量购买力支撑的消费需求在国内得不到有效供给，消费者将大把钞票花费在出境购物、"海淘"购物上，购买的商品已从珠宝首饰、名包名表、名牌服饰、化妆品等奢侈品向电饭煲、马桶盖、奶粉、奶瓶等普通日用品延伸。

　　习近平在中国共产党第十九次全国代表大会报告中明确指出："中国经济已由高速增长阶段转向高质量发展阶段。"2017 年 12 月，中央经济工作会议强调："中国特色社会主义进入了新时代，经济发展也进入了新时代，基本特征就是中国经济已由高速增长阶段转向高质量发展阶段。"这是根据国际国内环境变化，特别是中国发展条件和发展阶段变化作出的重大判断。

这一论断是与中国社会主要矛盾已经转变为人民日益增长的美好生活需要和不平衡不充分的发展之间的矛盾相一致的。作出"由高速增长阶段转向高质量发展阶段"这一重要论断，是适应中国经济发展新常态的需求，更是回应百姓关切，直面经济发展的深层次矛盾问题，是为了更好地满足广大人民群众日益增长的、不断升级的和个性化的物质文化需要，以及对生态环境的需要。主动适应和引领经济发展新常态，要坚持以提高经济发展质量和效益为中心，推动中国经济由高速增长阶段转向高质量发展阶段。

坚持五大发展理念

2015 年 10 月中国共产党第十八届中央委员会第五次全体会议强调，实现"十三五"时期发展目标，破解发展难题，必须牢固树立并切实贯彻创新、协调、绿色、开放、共享的发展理念。这是关系中国发展全局的一场深刻变革。

发展理念是发展行动的先导，是发展思路、发展方向、发展着力点的集中体现。"十三五"规划是中国经济发展进入新常态后的第一个五年规划，在这样的背景下，提出"创新、协调、绿色、开放、共享"这五大发展理念，是主动适应经济新常态的必然选择。五大发展理念是针对中国经济发展进入新常态开出的"药方"。

坚持创新发展、协调发展、绿色发展、开放发展、共享发展，是关系中国发展全局的一场深刻变革。这五大发展理念相互贯通、相互促进，是具有内在联系的集合体，要统一贯彻，不能顾此失彼，也不能相互替代。哪一个发展理念贯彻不到位，发展进程都会受到影响。

◎ 创新发展

创新是一个民族进步的灵魂，是一个国家兴旺发达的不竭动力。中国创新能力不强，科技发展水平总体不高，科技对经济社会发展的支撑能力不足，科技对经济增长的贡献率远低于发达国家水平，这是中国这个经济大个头的"阿喀琉斯之踵"。新一轮科技革命带来的是更加激烈的科技竞争，中国要适应、引领经济发展新常态，在全球经济竞争中不处于下风，就必须抓住了科技创新这个发展的"牛鼻子"。要把创新摆在国家发展全局的核心位置，不断推进理论创新、制度创新、科技创新、文化创新等各方面创新，让创新在全社会蔚然成风。

"五大发展理念"，排在首位的就是"创新发展"。应当说，抓创新就是抓发展，谋创新就是谋未来。2016 年 3 月 5 日，习近平在参加上海代表团审议时强调，在五大发展理念中，创新发展理念是方向、

2018 年，中国完全自主研发的第一条百吨级 T1000 碳纤维生产线在江苏连云港开发区实现投产且运行平稳。图为 2 月 27 日工人在生产线上查看运行情况。

是钥匙，要瞄准世界科技前沿，全面提升自主创新能力，力争在基础科技领域作出大的创新、在关键核心技术领域取得大的突破。

2006 年，中华人民共和国国务院发布《国家中长期科学和技术发展规划纲要（2006—2020 年）》。2012 年，中国共产党第十八次全国代表大会作出了创新驱动发展战略部署。2015 年，《中共中央国务院关于深化体制机制改革加快实施创新驱动发展战略的若干意见》发布，同年还发布了《深化科技体制改革实施方案》。2016 年 5 月，中共中央、国务院发布《国家创新驱动发展战略纲要》，8 月，国务院发布《"十三五"国家科技创新规划》。到 2020 年时进入创新型国家行列，到 2030 年时进入创新型国家前列，到新中国成立 100 年时成为世界科技强国，是中国科技创新"三步走"战略目标。

科技投入不断增加，中国成为世界研发经费投入大国。改革开放以来，中国科技投入不断加大，为各项科技活动蓬勃开展创造了良好条件。2012—2017 年，创新驱动发展成果丰硕。全社会研发投入年均增长 11%，规模跃居世界第二位。2018 年，全国研究与试验发展（R&D）经费支出比上年增长 11.6%，与国内生产总值之比为 2.18%，比上年提高 0.03 个百分点。目前中国研发经费投入强度达到中等发达国家水平，居发展中国家前列。

科技队伍发展壮大，中国研发人员总量跃居世界首位。改革开放以来，加强科技队伍建设，创新完善人才政策，优化人才发展环境，科技队伍日益壮大，为发展汇聚强大智力支撑。2017 年，按折合全时工作量计算的全国研发人员全时当量 403.4 万人年，比 1991 年增长 5.0 倍。按折合全时工作量标准，中国研发人员总量在 2013 年超过美国，连续 5 年居世界首位。

关键领域取得重大突破。改革开放以来，中国在高温超导、纳米材料、古生物考古、生命科学、超级杂交水稻、高性能计算机等一些关键领域取得重要突破。近年来，又在载人航天、探月工程、量子科学、

2016 年 12 月 26 日，全球第三座、亚洲第一座可实现 24 小时连续发电的熔盐塔式光热电站在甘肃敦煌并网发电。

深海探测、超级计算、卫星导航等战略高技术领域取得重大原创性成果，C919 大型客机飞上蓝天，首艘国产航母下水，高铁、核电、特高压输变电等高端装备大步走向世界。在政策引导和改革推动下，全社会科技创新活力得到有效激发。2017 年中国发明专利申请量 138.2 万件，连续 7 年居世界首位；科技进步贡献率提高到 57.5%。

创新驱动发展深入推进，发展新动能茁壮成长。创新是引领发展的第一动力。近年来，中国抢抓新一轮世界科技革命和产业变革机遇，持续推进大众创业、万众创新，新旧动能加快接续转换。2006—2017 年，

2016 年 12 月 1 日, 山西太原, 消费者正在使用手机支付。

装备制造业和高技术制造业增加值年均分别增长 16.2% 和 16.6%, 快于规模以上工业 3.2 和 3.6 个百分点。网络购物异军突起, 电子商务、移动支付、共享经济等引领世界潮流, "互联网＋"广泛融入各行各业。2015—2017 年, 实物商品网上零售额年均增长近 30%, 明显快于社会消费品零售总额年均增长。

2017 年 6 月,《2017 年全球创新指数报告》在日内瓦发布, 通过 81 项指标对世界 127 个国家和地区经济的创新表现进行排名。中国继 2016 年成为首个进入全球创新指数前 25 位的中等收入经济体后, 又创新高, 名次提升 3 位, 攀升至第 22 位。

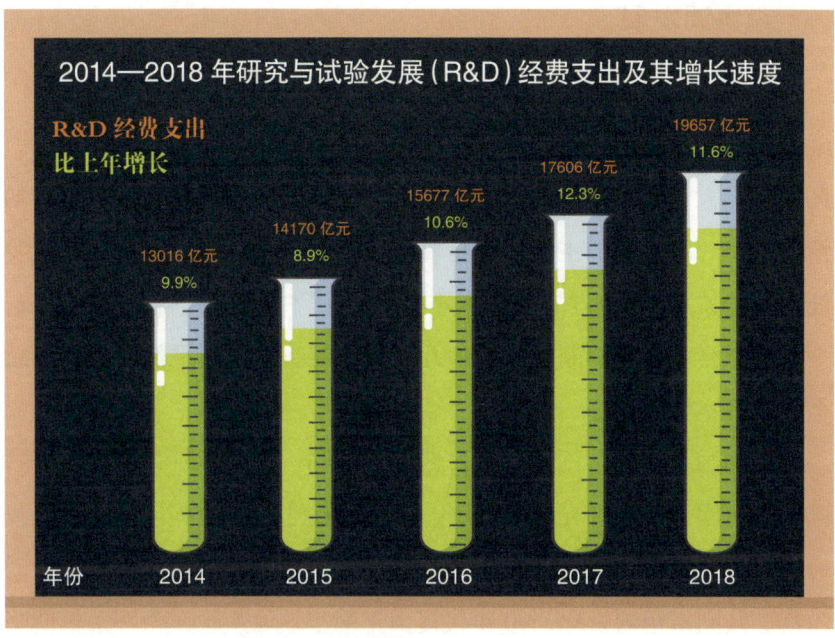

2014—2018 年研究与试验发展（R&D）经费支出及其增长速度

数据来源：中华人民共和国统计局网

2018 年专利申请、授权和有效专利情况

指　标	专利数（万件）	比上年增长（％）
专利申请数	432.3	16.9
其中：境内专利申请	412.1	17.3
发明专利申请	154.2	11.6
其中：境内发明专利	138.1	11.9
专利授权数	244.7	33.3
其中：境内专利授权	231.9	36.0
发明专利授权	43.2	2.9
其中：境内发明专利	34.0	6.0
年末有效专利数	838.1	17.3
其中：境内有效专利	739.9	19.3
有效发明专利	236.6	13.5
其中：境内有效发明专利	160.2	18.1

数据来源：中华人民共和国统计局网

◎ 协调发展

中国发展不协调是一个长期存在的问题，突出表现在区域、城乡、经济和社会、物质文明和精神文明、经济建设和国防建设等关系上。区域差异大、发展不平衡是中国的基本国情。在经济发展水平落后的情况下，一段时间的主要任务是要跑得快，但跑过一定路程后，就要注意调整关系，注重发展的整体效能，否则"木桶效应"就会愈加显现，一系列社会矛盾会不断加深。为此，必须解决发展不平衡问题，不断增强发展整体性。

中国国土辽阔，不同地区自然条件不同、资源禀赋各异、历史基础有别，因而长期存在较大发展差距。早在 20 世纪 50 年代，中国政府就强调要处理好沿海和内地之间的经济关系，80 年代提出先富带动后富、共同富裕的目标，90 年代提出把缩小地区差距作为一条长期坚持的重要方针，实施西部大开发战略，进入 21 世纪又提出振兴东北老工业基地战略、中部崛起战略等。2012 年中国共产党第十八次全国代表大会以来，中央从战略和全局高度出发，提出在继续深入实施区域发展总体战略同时，谋划布局并推动实施了"一带一路"建设、京津冀协同发展、长江经济带发展三大战略，统筹东中西、协调南北方，进一步优化经济发展空间格局。一方面，通过发挥"一带一路"、长江经济带建设引领作用，促进和带动中西部发展，明确到 2020 年引导 1 亿人口在中西部就近城镇化，以进一步缩小东中西部发展差距；另一方面，在大力振兴东北老工业基地的同时，通过实施京津冀协同发展战略，以及促进环渤海地区合作发展，以缩小南北区域发展差距。这表明，与传统的区域协调发展政策不同，新时期中国区域协调发展更加注重"协调东中西、平衡南北方"的整体协调发展思路，全方位缩小区域发展差距，全面推进区域协调发展。特别是通过践行"一带一路"倡议，将国内区域协同与对外开放更紧密地结合起来，为加快

2018 年 11 月 26 日，辽宁大连，东北特钢集团两名员工在成品库发运棒材。

推进区域协调发展注入新的巨大动力。

中国共产党第十九次全国代表大会大报告明确提出了区域协调发展战略的主要任务，是对长期以来坚持区域协调发展的全面提升。报告提出：

加大力度支持革命老区、民族地区、边疆地区、贫困地区加快发展。具体而言，应加大力度支持老少边穷地区改善基础设施条件，提高基本公共服务能力，培育发展优势产业和特色经济，真正为老少边穷地区加快发展创造条件。

强化举措推进西部大开发形成新格局。应该充分发挥"一带一路"建设的引领带动作用，加大西部开放力度。加快培育发展符合西部地区比较优势的特色产业和新兴产业，增强产业竞争力。加强生态环境建设，筑牢国家生态安全屏障。

深化改革加快东北等老工业基地振兴。重点是深化国有企业改革，增强市场竞争力。进一步扩大开放，加快形成有活力的体制机制，促进东北振兴取得新突破。

中国西部旅游胜地——新疆阿勒泰禾木村

发挥优势推动中部地区崛起。中部地区应加强综合立体交通枢纽和物流设施建设。依托功能平台承接产业转移，发展现代农业、先进制造业和战略性新兴产业。加快发展内陆开放型经济，全面融入"一带一路"建设。

创新引领率先实现东部地区优化发展。充分利用和拓展创新要素集聚的特殊优势，打造具有国际影响力的创新高地。

以疏解北京非首都功能为"牛鼻子"推动京津冀协同发展，高起点规划、高标准建设雄安新区。推动京津冀协同发展，核心是疏解北京非首都功能，根本是要健全区域协调发展新机制，走出一条中国特色解决"大城市病"的路子。近年来，京津冀三地在交通、医疗、教育、环保等方面联系愈加紧密，在民政、人社、政法等其他领域也签订了一系列协同发展合作协议，三地群众不断收获协同发展的"红利"。

以"共抓大保护、不搞大开发"为导向推动长江经济带发展。必须把修复长江生态环境摆在压倒性位置，实施好长江防护林体系建设等生态保护修复工程。在此基础上，以畅通黄金水道为依托，建设高质量综合立体交通走廊，推进产业转型升级和新型城镇化建设。

坚持陆海统筹，加快建设海洋强国。加快发展海洋经济，优化海洋产业结构，促进海洋产业成为支柱产业，为建设海洋强国奠定坚实基础。

要实现全面建成小康社会的第一个百年目标，就必须协调推进城乡、区域、经济社会等协调发展，就必须在发展城镇的同时推动农村协调发展，在东部地区率先发展的同时推动中西部地区协调发展，在

2018年6月2日，货船行驶在长江湖北宜昌段的三峡起始点水域。目前，长江干线宜宾以下全部建成高等级航道，一条绵延2800多公里、横贯中国东中西部的"水上生态高速公路"日渐成型。

发展经济的同时推动社会和文化、生态协调发展。坚持经济建设与社会建设同步发展、经济建设与国防建设融合发展。协调要求各领域整体平衡，着力推动经济建设与社会建设、经济建设与国防建设等领域的整体平衡。

促进城乡区域协调发展——乡村振兴战略

中国发展不平衡不充分问题在乡村最为突出。城乡差距较大，这就需要健全城乡发展一体化体制机制，坚持工业反哺农业、城市支持农村，推进城乡要素平等交换、合理配置和基本公共服务均等化，努力实现基本公共服务常住人口全覆盖，促进农业发展、农民增收，提高社会主义新农村建设水平。《国家新型城镇化规划（2014—2020年）》《国务院关于进一步做好为农民工服务工作的意见》等重要文件，围绕有序推进农业转移人口市民化的目标，从着力稳定和扩大农民工就业创业、着力维护农民工的劳动保障权益、着力推动农民工逐步实现平等享受城镇基本公共服务和在城镇落户、着力促进农民工社会融合等方面提出了具体政策措施。随着这些政策措施的落实，农业富余劳

2018年10月27日，湖北宜昌秭归县某村合作社社员在采摘瓜蒌。

2018 年 11 月 1 日，江西省吉安市永丰县农民驾驶农机收割晚稻。

动力转移这一历史任务将会成功完成，这将有力地促进协调发展。

  农业农村农民问题是关系国计民生的根本性问题，必须始终把解决好"三农"问题作为工作的重中之重。乡村振兴战略是 2017 年 10 月中国共产党第十九次全国代表大会报告中提出的战略。2018 年 2 月 4 日，2018 年中央一号文件，即《中共中央国务院关于实施乡村振兴战略的意见》公布。2018 年 3 月 5 日，国务院总理李克强在作政府工作报告时强调，大力实施乡村振兴战略。2019 年中央一号文件《关于坚持农业农村优先发展　做好"三农"工作的若干意见》，要求进一步统一思想、坚定信心、落实工作，巩固发展农业农村好形势。

  全面深化农村改革。落实第二轮土地承包到期后再延长 30 年的政策。探索宅基地所有权、资格权、使用权分置改革。改进耕地占补平衡管理办法，建立新增耕地指标、城乡建设用地增减挂钩节余指标

浙江丽水千年畲乡老竹镇利用当地喀斯特地貌资源优势发展乡村旅游，助推乡村振兴。图为 2018 年 12 月 1 日，游客体验篝火晚会。

跨省域调剂机制，所得收益全部用于脱贫攻坚和支持乡村振兴。深化粮食收储、集体产权、集体林权、国有林区林场、农垦、供销社等改革，使农业农村充满生机活力。

推动农村各项事业全面发展。改善供水、供电、信息等基础设施，新建改建农村公路 20 万公里。稳步开展农村人居环境整治三年行动，推进"厕所革命"，促进农村移风易俗。健全自治、法治、德治相结合的乡村治理体系。我们要坚持走中国特色社会主义乡村振兴道路，加快实现农业农村现代化。

实施乡村振兴战略，是解决人民日益增长的美好生活需要和不平衡不充分的发展之间矛盾的必然要求，是实现"两个一百年"奋斗目标的必然要求，是实现全体人民共同富裕的必然要求。

按照中国共产党的第十九次全国代表大会提出的决胜全面建成小康社会、分两个阶段实现第二个百年奋斗目标的战略安排，中央农村工作会议明确了实施乡村振兴战略的目标任务。

实施乡村振兴战略"三步走"时间表：

——到 2020 年，乡村振兴取得重要进展，制度框架和政策体系基本形成；

——到 2035 年，乡村振兴取得决定性进展，农业农村现代化基本实现；

——到 2050 年，乡村全面振兴，农业强、农村美、农民富全面实现。

中国特色社会主义乡村振兴道路怎么走？中央农村工作会议明确提出了七条路：

——必须重塑城乡关系，走城乡融合发展之路；

——必须巩固和完善农村基本经营制度，走共同富裕之路；

——必须深化农业供给侧结构性改革，走质量兴农之路；

——必须坚持人与自然和谐共生，走乡村绿色发展之路；

——必须传承发展提升农耕文明，走乡村文化兴盛之路；

——必须创新乡村治理体系，走乡村善治之路；

——必须打好精准脱贫攻坚战，走中国特色减贫之路。

改革开放以来，中国统筹城乡发展，加强农村基础设施建设，改善农村生产生活环境，农村面貌发生了翻天覆地的巨大变化。2006 年全国粮食总产量低于 10000 亿斤，2013 年首次突破 12000 亿斤大关，2014—2017 年连续四年稳定在 12000 亿斤以上，粮食综合生产能力跃上新台阶，确保了国家粮食安全。中国肉类总产量和水产品总产量稳居世界第一。主要经济作物棉花、油料、糖料、蔬菜、水果等保持较高产量水平，为保障大宗农产品基本供给奠定了坚实基础。2017 年末，中国农村公路里程达 401 万公里，比 1978 年末增长 5.7 倍；全国通公路的乡（镇）占全国乡（镇）总数的 99.99%；通公路的建制村占全国建制村总数的 99.98%；全国行政村通宽带比例超 90%。农村居民

华为与法国标致雪铁龙合作研发的搭载华为车联网技术的 DS7 Crossback 车型首度亮相 2018 年汉诺威工业博览会。

生活水平和质量不断提高，汽车、计算机、移动电话等在农村普及速度明显加快，2017 年末农村居民平均每百户拥有家用汽车 19.3 辆、计算机 29.2 台、移动电话 246 部。农民基本医疗保险保障水平逐步提高，2017 年新型农村合作政策范围内医疗门诊和住院费用的报销比例分别达到 50% 和 70% 左右。

在城乡结构不断改善的同时，东、中、西部和东北地区发展向总体均衡转变。2017 年，中国东、中、西部和东北地区社会消费品零售总额分别为 187570 亿元、77475 亿元、68099 亿元和 30762 亿元，分别是 1978 年的 339 倍、208 倍、177 倍和 143 倍，年均分别增长 16.1%、14.7%、14.2% 和 13.6%。从各区域占比情况看，呈现出东部地区先行发展、中西部和东北地区后期跟进的态势。东部地区消费品零售额占社会消费品零售总额的比重由 1978 年的 36.3% 逐年提升，至"十五"末期的 2005 年达到最大值 54.3%，从"十一五"时期开始逐年回落，至 2017 年为 51.5%。与之相应，中、西部和东北地区占社会消费品零售总额的比重与东部地区的差距分别由 1978 年的 11.9、11.1 和 22.1 个百分点，扩大至 2005 年的 34.9、37.3 和 45.2 个百分点，而到 2017 年分别缩小至 30.2、32.8 和 43 个百分点，消费品市场向地区间总体均衡发展。

◎绿色发展

绿色发展注重的是解决人与自然和谐问题。绿色循环低碳发展，是当今时代科技革命和产业变革的方向，是最有前途的发展领域，中国在这方面的潜力相当大，可以形成很多新的经济增长点。中国资源

安徽省黄山市黟县宏村镇宏村 2000 年被联合国教科文组织列入了世界文化遗产名录。宏村在保护生态环境的基础上大力发展"全民皆商"，每年村委会给村民的分红、村民自家收入逐年上涨，走上了环境保护与富民兴业的良性发展轨道。

约束趋紧、环境污染严重、生态系统退化的问题十分严峻，人民群众对清新空气、干净饮水、安全食品、优美环境的要求越来越强烈。为此，必须坚持节约资源和保护环境的基本国策，坚定走生产发展、生活富裕、生态良好的文明发展道路，加快建设资源节约型、环境友好型社会，推进美丽中国建设，为全球生态安全作出新贡献。

推动形成绿色发展方式和生活方式，是发展观的一场深刻革命。这就要坚持和贯彻新发展理念，正确处理经济发展和生态环境保护的关系，坚决摒弃损害甚至破坏生态环境的发展模式，坚决摒弃以牺牲生态环境换取一时一地经济增长的做法。让良好生态环境成为人民生活的增长点、成为经济社会持续健康发展的支撑点、成为展现中国良好形象的发力点，让中华大地天更蓝、山更绿、水更清、环境更优美。

随着对生态环境保护认识发生深刻变化，生态环境治理力度不断加大，环境质量由恶化转向逐步改善。2012—2017 年，生态环境状况

黑龙江省大庆市某风力发电场

逐步好转。中国制定实施大气、水、土壤污染防治三个"十条"并取得扎实成效。单位国内生产总值能耗、水耗均下降20%以上，主要污染物排放量持续下降，重点城市重污染天数减少一半，森林面积增加1.63亿亩，沙化土地面积年均缩减近2000平方公里，绿色发展呈现可喜局面。

清洁能源快速发展，能源结构调整优化。改革开放以来尤其是新世纪以来，水电、核电、风电、太阳能等清洁能源迅速发展。2017年，煤炭在能源消费中的比重为60.4%，比1978年下降10.3个百分点；天然气水核风电等清洁能源消费比重从1978年的6.6%提升至2017年的20.8%。节能降耗取得新进展。2017年，全国单位GDP能耗比2000年下降32.8%。

环境污染治理全力推进，主要污染物排放强度大幅下降。2015年，全国化学需氧量（COD）排放量比2011年下降11.1%，氨氮排放量下降11.7%，二氧化硫排放量下降16.2%，氮氧化物排放量下降23%。

空气质量总体向好，水环境质量明显改善。大气、水、土壤污染防治行动计划陆续实施，大气及水环境质量明显改善，空气污染物浓度下降。2017年，338个地级及以上城市PM10平均浓度比2013年下降22.7%，京津冀、长三角、珠三角区域PM2.5平均浓度分别下降39.6%、34.3%和27.7%。地表水质明显改善。2017年地表水达到或好于III类水体比例为67.9%，劣V类水体比例下降到8.3%。

生态修复持续推进，自然生态系统趋于改善。生态保护和监管不断强化，环境治理力度加大。森林覆盖率从2004年的18.2%提升至2017年的21.6%。2017年新增水土流失治理面积5.6万平方公里。生态修复工作力度继续加大，实施退耕还林还草、荒漠化及石漠化综合治理、京津风沙源治理等工程。2017年，完成造林面积736万公顷，落实禁牧面积8000万公顷，草畜平衡面积1.7亿公顷。

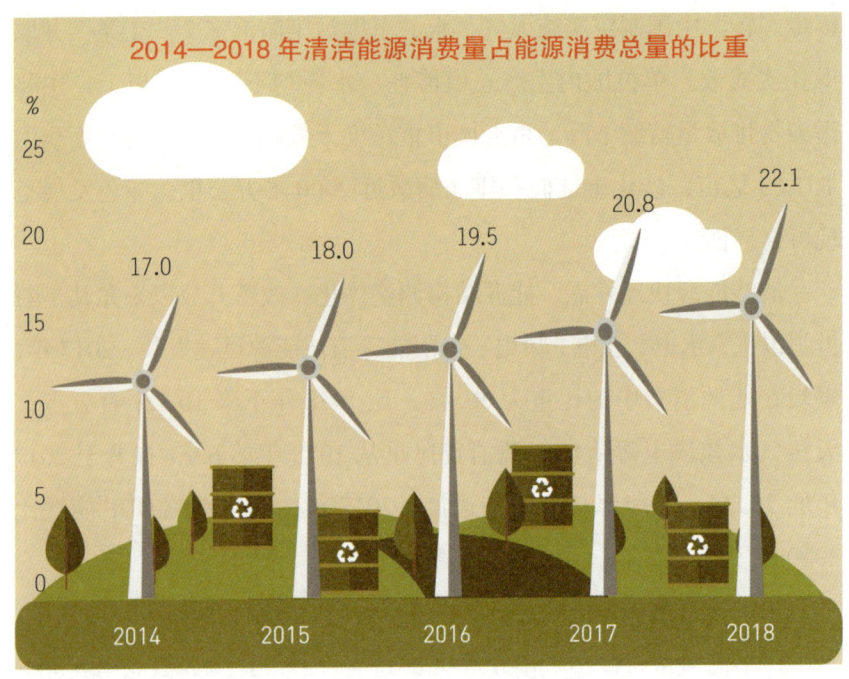

2014—2018 年清洁能源消费量占能源消费总量的比重

数据来源：《中华人民共和国 2018 年国民经济和社会发展统计公报》

◎ 开放发展

开放是国家繁荣发展的必由之路。中国共产党第十九次全国代表大会报告提出"推动形成全面开放新格局"，强调"开放带来进步，封闭必然落后"，"中国开放的大门不会关闭，只会越开越大"，"中国坚持对外开放的基本国策，坚持打开国门搞建设"，"发展更高层次的开放型经济"。这是适应经济全球化新趋势，准确判断国际形势新变化、深刻把握国内经济发展新常态，作出的重大战略部署。

把开放发展作为引领中国未来五年乃至更长时期发展的"五大发展理念"之一，向世界表明中国开放的大门永远不会关上，中国经济发展将继续为世界带来巨大的正面外溢效应。开放发展进一步拓展实现中华民族伟大复兴中国梦的发展空间，也将进一步拓展世界经济发展空间。

中国高铁以先进的技术、完善的设备及全球互利共赢的理念为世界所认可。图为 2014 年春运前，青岛造高速动车组准备出厂投入运营。

改革开放初期，中国对外经济活动十分有限，1978 年货物进出口总额仅为 206 亿美元，位居世界第 29 位。随着对外开放的深度和广度不断拓展，特别是 2001 年正式加入世界贸易组织（WTO）后，贸易总量迅速增长。2017 年，货物进出口总额达到 4.1 万亿美元，比1978 年增长 197.9 倍，年均增长 14.5%，居世界第 1 位。服务贸易快速发展。2017 年，服务进出口总额 6957 亿美元，比 1982 年增长 147 倍，连续 4 年保持世界第 2 位。

◎ 共享发展

共享发展注重的是解决社会公平正义问题。"治天下也，必先公，公则天下平矣。"让广大人民群众共享改革发展成果，是中国共产党坚持全心全意为人民服务根本宗旨的体现。这方面问题解决好了，全体人民推动发展的积极性、主动性、创造性就能充分调动起来，国家发展也才能具有最深厚的伟力。为此，中国必须坚持发展为了人民、发展依靠人民、发展成果由人民共享，作出更有效的制度安排，使全体人民朝着共同富裕方向稳步前进，绝不能出现"富者累巨万，而贫者食糟糠"的现象。

共享理念实质就是坚持以人民为中心的发展思想，体现的是逐步实现共同富裕的要求。共同富裕，是自古以来中国人民的一个基本理想。孔子说："不患寡而患不均，不患贫而患不安。"孟子说："老吾老以及人之老，幼吾幼以及人之幼。"《礼记·礼运》具体而生动地描绘了"小康"社会和"大同"社会的状态。中国共产党十八届五中全会提出的共享发展理念，其内涵主要有四个方面。一是共享是全民共享。这是就共享的覆盖面而言的。共享发展是人人享有、各得其所，不是少数人共享、一部分人共享。二是共享是全面共享。这是就共享的内容而言的。共享发展就要共享国家经济、政治、文化、社会、生态各方面建设成果，全面保障人民在各方面的合法权益。三是共享是共建共享。这是就共享的实现途径而言的。共建才能共享，共建的

2017 年 4 月 26 日，安徽合肥市民在共享单车推荐停放点取车。

过程也是共享的过程。要充分发扬民主，广泛汇聚民智，最大激发民力，形成人人参与、人人尽力、人人都有成就感的生动局面。四是共享是渐进共享。这是就共享发展的推进进程而言的。一口吃不成胖子，共享发展必将有一个从低级到高级、从不均衡到均衡的过程，即使达到很高的水平也会有差别。这四个方面是相互贯通的，要整体理解和把握。

落实共享发展理念，一是充分调动人民群众的积极性、主动性、创造性，举全民之力推进中国特色社会主义事业，不断把"蛋糕"做大。二是把不断做大的"蛋糕"分好，让社会主义制度的优越性得到更充分体现，让人民群众有更多获得感。要扩大中等收入阶层，逐步形成橄榄型分配格局。特别要加大对困难群众的帮扶力度，坚决打赢农村贫困人口脱贫攻坚战。落实共享发展要做好从顶层设计到"最后一公里"落地的工作，在实践中不断取得新成效。

推进供给侧结构性改革

中国特色社会主义进入新时代，中国社会主要矛盾已经转化为人民日益增长的美好生活需要和不平衡不充分发展之间的矛盾。中国经济发展的主要矛盾已转化为结构性问题，主要表现在供求之间存在结构性偏差，供给结构不能适应需求结构的变化。表面上是有效需求不足，实际上是有效供给不足。总体上产能很大，但其中一部分是无效供给，而高质量、高水平的有效供给又不足。因此，必须坚持以供给侧结构性改革为主线，推动经济高质量发展。

高质量发展，归根到底就是能够满足人民日益增长的美好生活需要的发展。高质量发展要壮大产业，加快建设制造强国，要坚定不移走中国特色新型工业化道路；坚持以实体经济为抓手，不断夯实产业经济基础，牢牢把握高质量发展的要求，坚持稳中求进工作总基调；

2017 年 5 月 25 日，中共中央对外联络部在北京举行"中国共产党的故事——供给侧结构性改革"专题宣介会。图为外宾在体验湖北企业设计生产的虚拟现实技术。

坚定推进供给侧结构性改革，以制造强国建设为主题，与网络强国战略紧密结合；要构建现代农业产业体系，发展壮大现代服务业，推动新型工业化、信息化、城镇化、农业现代化同步发展，有力支撑起质量第一、效益优先、协同发展、充满活力的现代化经济体系。

◎工业生产能力不断提升，现代工业体系逐步建立

工业总量不断扩大

改革开放前，中国工业基础比较薄弱。1978 年工业增加值仅有1622 亿元。改革开放后，工业经济发生了翻天覆地的巨大变化。1992年工业增加值突破 1 万亿元大关，2007 年突破 10 万亿元大关，2012年突破 20 万亿元大关，2017 年工业增加值接近 28 万亿元，按可比价计算，比 1978 年增长 53 倍，年均增长 10.8%。主要经济指标迅猛增长。2017 年工业企业资产总计达到 112 万亿元，较 1978 年增长 247 倍；

实现利润总额为 7.5 万亿元，较 1978 年增长 125 倍。2018 年全部工业增加值 305160 亿元，比上年增长 6.1%。

主要产品生产能力大幅提升

改革开放前，中国工业产品生产能力十分有限。经过 40 年的发展，主要产品的生产能力发生了根本性变化，实现了由短缺到丰富充裕的巨大转变。很多产品产量从小到大。原煤、发电量等能源产品产量 2017 年比 1978 年分别增长 4.7 倍和 24.3 倍；乙烯、粗钢、水泥等原材料产品产量分别增长 46.9 倍、25.2 倍和 34.8 倍；汽车产量已达 2900 多万辆，连续 9 年蝉联世界第一。很多产品生产从无到有到蓬勃发展。空调、冰箱、彩电、洗衣机、微型计算机、平板电脑、智能手机等一大批家电通信产品产量均居世界首位。

主要工业产品产量

年份	原煤（亿吨）	原油（万吨）	天然气（亿立方米）	乙烯（万吨）	粗钢（万吨）	水泥（万吨）	集成电路（亿块）
1978	6.18	10405	137	38	3178	6524	0.3
1985	8.72	12489	129	65	4679	14595	0.54
1990	10.8	13830	153	157	6635	20971	1.08
2000	13.84	16300	272	470	12850	59700	58.8
2005	23.65	18135	493	755	35323	106884	269
2010	34.28	20301	958	1421	63723	188191	652
2012	39.45	20747	1106	1486	72388	220984	779
2015	37.47	21455	1301	1714	80382	235918	1087
2016	34.11	19968	1368	1781	80760	241030	1318
2017	35.2	19150	1480	1821	83172	234000	1564

新兴产业快速崛起

创新驱动发展战略深入推进，战略性新兴产业增速加快。据测算，2015年至2017年工业战略性新兴产业增加值较上年分别增长10.0%、10.5%和11.0%，增速分别高于规模以上工业3.9、4.5和4.4个百分点。部分新兴产业已经形成了一定的规模集聚效应。据统计，在工业战略性新兴产业所包含的七大产业中，新一代信息技术产业规模居于首位，2016年其增加值占工业战略性新兴产业增加值的比重超过1/4；节能环保产业、生物产业和新材料产业增加值占工业战略性新兴产业增加值的比重均在18%左右。主要代表性产品增势强劲。2017年，光电子器件产量11771亿只，比上年增长16.9%；新能源汽车呈爆发式增长，2017年中国新能源汽车产量达到69万辆，连续三年位居世界第一，中国已经成为全球最大的动力电池生产国，新能源客车的出口已达30多个国家和地区；民用无人机、工业机器人保持高速增长，2017年产品产量分别达到290万架和13万台（套）；光伏产业链各环节生产规模全球占比均超过50%，多晶硅、硅片、电池片、组件产量均高速增长。

传统产业优化升级

2013—2015 年，中国共计淘汰落后炼铁产能 4800 万吨、炼钢 5700 万吨、电解铝 110 万吨、水泥（熟料和粉磨能力）2.4 亿吨、平板玻璃 8000 万重量箱。在此基础上，2016 年、2017 年两年又化解钢铁产能 1.2 亿吨、煤炭产能 5 亿吨，全面取缔 1.4 亿吨"地条钢"，淘汰停建缓建煤电产能 6500 万千瓦以上。去产能改善了市场供求关系，既提高了优质产能利用效率，也为新兴产业发展腾出了空间，工业经济效益明显好转。二是通过应用新技术、新工艺、新设备、新材料，大力提升传统动能。2013—2016 年，制造业技术改造投资年均增长 14.3%，2017 年技改投资依然保持较高增长水平，增长 16.3%，增速比制造业投资高 11.2 个百分点，占全部制造业投资比重达 48.5%，比上年提高 4.6 个百分点。技术改造投资成为促进制造业转型升级的主要力量。三是开展质量提升行动，推进消费品工业增品种、提品质、创品牌。目前轻工业品种丰富度、品牌认可度、品质满意度获得显著

2017 年 11 月 29 日，江苏海安，某工艺品公司车间内工人在对玻璃器皿刻花。江苏省海安县玻璃生产企业推进绿色生产，产品畅销以欧美市场为主的 90 多个国家和地区。

提升。生产的冰箱、空调、洗衣机等家居消费品，也已能够满足中高端消费需求。

产业结构加快迈向中高端

通过深入实施创新驱动发展战略和制造强国战略，加快传统产业改造提升步伐，工业向中高端水平持续迈进。一是高技术、装备制造业快速增长。2017年，高技术制造业、装备制造业增加值分别比上年增长13.4%、11.3%，增速快于规模以上工业6.8和4.7个百分点，占规模以上工业增加值比重分别为12.7%和32.7%；与2012年相比，高技术制造业、装备制造业比重分别上升了3.3和4.5个百分点。二是制造业信息化水平大幅提升，重点行业数字化、网络化、智能化取得明显进展。据工信部统计，2017年规模以上工业企业数字化研发设计工具普及率、关键工序数控化率、生产设备数字化率、数字化设备联网率已分别达到63.3%、46.4%、44.8%和39%，培育了一批工业互联网平台，制造业智能主导的特征日趋明显。三是生产性服务业与制造业融合发展的趋势开始显现，对制造业转型升级起到了有利的支

2018年5月18日，合肥循环经济示范园的某环保科技股份有限公司里，工人们在铝模板智能机器人生产线上进行技术操控。

持作用。

近年来，中国工业产业结构得到进一步优化，新动能新产业新业态加快成长。2015 年规模以上工业企业实现利润同比下降 2.3%，但装备制造业同比增长 4%，高技术制造业同比增长 8.9%。2016 年 1—4 月，规模以上工业企业实现利润同比增长 6.5%，高技术制造业同比增长 21.6%。高技术制造业增加值占规模以上工业增加值的比重由 2000 年的 7.7% 提高到 2017 年的 12.7%。以工业机器人为例，2017 年中国工业机器人市场销售总量 14.1 万台，比上年增长 58.1%。其中，国内品牌工业机器人销量 3.78 万台，同比增长 29.8%；国外品牌工业机器人销量 10.32 万台，同比增长 71.9%。2018 年，高技术产业和装备制造业增加值占规模以上工业的比重分别为 13.9% 和 32.9%，分别比上年同期提高 1.2 和 0.2 个百分点。

加快建设制造强国

中国制造业在世界中的份额持续扩大。1990 年制造业占全球的比重为 2.7%，居世界第九位；2000 年上升到 6.0%，位居世界第四；2007 年达到 13.2%，居世界第二；2010 年占比进一步提高到 19.8%，跃居世界第一，自此连续多年稳居世界第一。制造业是国民经济的主体，是立国之本、兴国之器、强国之基，中国制造业的发展，推动了中国经济的发展，为中华民族实现从站起来、富起来到强起来的历史性飞跃，为中国日益走近世界舞台中央作出了巨大贡献。

中国是制造大国和出口大国，但主要是低端产品和技术，科技含量高、质量高、附加值高的产品并不多。2003 年后，钢铁、煤炭、水泥、玻璃、石油、石化、铁矿石、有色金属等几大行业，亏损面已经达到 80%，产业的利润下降幅度最大，产能过剩很严重。先进制造业及其发展比重和水平决定着工业及其发展的方向和水平。2015 年，中国发布《中国制造 2025》，首次将建设制造强国作为战略目标提出。中国共产党第十九次全国代表大会的报告再次明确指出，加快建设制造强国，加快发展先进制造业。

新时代的制造强国以创新型经济为重要驱动，科技是制造强国建设的重要战略支撑。创新是引领发展的第一动力，是中国制造2025的主题。改革开放之初，中国实施高技术研究发展计划（"863"计划）、国家重点基础研究发展计划（"973"计划）、科技攻关计划、火炬计划等系列科技计划，解决了一批关键技术瓶颈。进入新世纪特别是中国共产党第十八次全国代表大会以来，中国通过实施"核高基"、宽带移动通信、高档数控机床、大飞机等国家科技重大专项，有力带动了重点领域突破发展。

在航空航天方面，"神舟十一号"飞船与"天宫二号"成功交会对接，"北斗"卫星导航区域系统全面建成投入运营，全球首颗量子卫星发射成功，C919大型客机、AG600水陆两栖飞机成功首飞，ARJ21支线客机投入商业运营。

2018年5月16日，第二届世界智能大会在天津开幕。图为会上展示的"神舟十一号"飞船返回舱。

在轨道交通方面，中国标准动车组成功完成世界首次每小时 420 公里交汇试验并进行载客试验。

在核电技术方面，以"华龙一号"、CAP1400 为代表的第三代核电技术实现自主研发。在高档数控机床方面，大型立式五轴联动加工中心研制成功，6400 吨大型快速高效全自动冲压生产线实现向发达国家出口。

在信息技术方面，"神威·太湖之光"成为世界上首台峰值运算速度超过十亿亿次的超级计算机，集成电路 28 纳米芯片制程工艺进入量产，高世代液晶面板生产迈向 10.5 代线。

在移动通信方面，中国主导制定的 TD-LTE 标准成为 4G 两大国际主流标准之一，5G 研发处于全球领先梯队。中国制造业科技创新水平步入跟踪、并跑和领跑并存的新阶段。

在过去的 10 年中，中国专利数增长了 10 倍，中国正从制造大国向全球创新研发引擎转变。2017 年前 11 个月，中国先进制造业增长迅速。其中，高技术制造业主营业务收入同比增长 13.4%，智能制造产业产值已达到 1.5 万亿元。中国的先进制造业不但打造出航天航空、数控机床、高铁、超算、新能源等多张"名片"，更逐步向数字化、网络化、智能化方向迈进。

2017 年，三一重工集团联合腾讯云打造"根云"平台，为制造企业提供专业数据分析、应用开发等服务，成为中国首个国家战略级工业互联网平台。目前，该平台已经在全球接入超过 23 万台工程机械，累积工程机械数据 1000 多亿条。与同行业相比，该平台的易损件备件呆滞库存降低了至少 40%，下游经销商每年因此将节约库存超过 3 亿元。

建设工业互联网，实现智能制造，被认为将是第四次工业革命的核心，同时也是欧美强国制造业目前努力的方向。中国电子信息产业发展研究院工业经济研究所所长秦海林认为，2017 年，中国先进制造

安装在国家超级计算无锡中心的"神威·太湖之光"超级计算机

业加速应用互联网、大数据、人工智能等新技术，破解生产过程中的"信息孤岛"，实现"数据实时共享"，促进"物理世界＋数字世界"加速融合。

江苏阳光集团是一家从事毛纺面料及服装制造的企业。近年来，该企业引进"互联网＋"，采用智能化、个性化、定制化的制造模式，为消费者订制个性化服装，在竞争激烈的市场中占据了一席之地。

2017年中，无论是政府工作报告，还是中共十九大报告，都明确提出将人工智能作为一项发展内容。智能家电、机器人、无人驾驶汽车、智能工厂……在消费升级的背景下，中国诸多制造企业拥抱了智能化浪潮。根据艾媒咨询的数据，预计到2019年，中国人工智能产业规模将达到344亿元。

2015年，在国务院印发的《中国制造2025》战略中，"创新驱动"被列为从制造大国向制造强国转变的首要基本方针。2017年11月27日，《深化"互联网＋先进制造业"发展工业互联网的指导意见》则将"工业互联网"看作是新工业革命的关键支撑和深化"互联网＋先进制造业"的重要基石。不论是发展高精尖领域，还是推动制造业数字化、网络化、智能化，创新都将成为中国走向世界的驱动力。

绿色发展是实现制造业由大变强的一项基本方针。工业制造对资源能源的需求量很大。中国工业绿色低碳转型不快，单位 GDP 能耗仍然是国际平均水平的 2 倍，是发达国家的 4—5 倍。虽然化学需氧量（COD）和氨氮、二氧化硫、氮氧化物排量在减少，但二氧化碳排放量、工业废水及固体废物量持续上升，全球居首，大气、水源、土壤污染仍然严重。能源消费结构中煤炭仍占 62%，用量仍在增加，天然气、页岩气开发迟缓；非化石能源只占 13.3%，而且分布不合理，资源和市场相距甚远，弃风弃水弃光，利用率不高。

《中国制造 2025》提出，绿色发展是实现制造业由大变强的一项基本方针。坚持把可持续发展作为建设制造强国的重要着力点，加强节能环保技术、工艺、装备推广应用，全面推行清洁生产。发展循环

7 月 17 日，由中欧国际工商学院、德国中国商会、国新国际投资有限公司联合主办的"智荟中欧 2018"第四届欧洲论坛德国慕尼黑站正式开幕，聚焦数字经济时代下中德企业的合作与共赢。

经济，提高资源回收利用效率，构建绿色制造体系，走生态文明的发展道路。

为落实《国民经济和社会发展第十三个五年规划纲要》和《中国制造2025》战略部署，加快推进生态文明建设，促进工业绿色发展，中国工业和信息化部制定了《工业绿色发展规划（2016—2020年）》。

《规划》明确了发展目标，即到2020年，绿色发展理念成为工业全领域、全过程的普遍要求，工业绿色发展推进机制基本形成，绿色制造产业成为经济增长新引擎和国际竞争新优势，工业绿色发展整体水平显著提升。

张家港企业沙钢把节约能源、少用能源作为环境保护工作的重要举措，根据"减量化、再利用、资源化"的循环经济理念，坚持从源头抓起，搞好资源综合利用。"十二五"以来，该企业投入数十亿元，实施了重大节能创新项目100多项，实现了煤气、蒸汽、炉渣、焦化副产品和工业用水"五大循环回收利用工程"。通过变废为宝，每年循环经济产生的效益占企业总效益的20%以上，成为企业非钢效益

2018年6月30日，江苏连云港市开发区一家风电设备制造企业，工人在安装风力发电机轮毂。

2018年11月22日，中国首家"国家标准化社区商业中心"授牌仪式在济南某社区便民消费服务中心举行。民众买菜做饭、修鞋理发等日常生活需求，这个中心都可以满足。

的"绿色"增长点。

无论是基于对全球资源的巨大依赖和提升未来制造核心竞争力的考虑，还是顺应人民群众对青山碧水的盼望和要求，推进绿色制造都到了紧迫关口。建设制造强国，必须加快制造业的绿色改造。

2017年7月8日，伴随着3号炼铁厂1750立方米的高炉出完最后一炉铁水，拥有近60年历史的济南钢铁集团正式全线停产。未来，济钢将重点发展城市服务业、现代物流业等新兴产业，实现转型升级。

经初步核算，2018年上半年全国能源消费总量同比增长约3.4%。天然气、水电、核电、风电等清洁能源消费占能源消费总量比重比上年同期提高约1.5个百分点，煤炭消费所占比重下降约1.3个百分点。

◎构建现代农业产业体系

中国农业供给侧出现些问题，具体表现在，一方面是粮食过剩，另外一方面却是优质的农产品数量严重短缺。如何进行农业供给侧结构性改革，才能形成真正有效的农产品供给？通过绿色化的生产，提升农产品的质量品质，才能满足社会发展的需要。农产品生产要从单纯追求数量增产的温饱型生产方式，过渡到对品质、安全、健康与生态环保等要求比较多的小康型农业生产方式，以满足消费者日益增长的需要。这不仅仅需要在农业结构上进行调整，还需要生产方式的转换，更需要从源头到流通对整个产业链进行重塑。

《中共中央、国务院关于深入推进农业供给侧结构性改革加快培育农业农村发展新动能的若干意见》指出：推进农业供给侧结构性改革，要在确保国家粮食安全的基础上，紧紧围绕市场需求变化，以增加农民收入、保障有效供给为主要目标，以提高农业供给质量为主攻方向，以体制改革和机制创新为根本途径，优化农业产业体系、生产体系、经营体系，提高土地产出率、资源利用率、劳动生产率，促进农业农村发展由过度依赖资源消耗、主要满足量的需求，向追求绿色生态可持续、更加注重满足质的需求转变。

> 《中共中央、国务院关于深入推进农业供给侧
> 结构性改革加快培育农业农村发展新动能的若干意见》要点
> 优化产品产业结构，着力推进农业提质增效
> 推行绿色生产方式，增强农业可持续发展能力
> 壮大新产业新业态，拓展农业产业链价值链
> 强化科技创新驱动，引领现代农业加快发展
> 补齐农业农村短板，夯实农村共享发展基础
> 加大农村改革力度，激活农业农村内生发展动力

◎加快发展现代服务业

服务业已经成为中国国民经济第一大产业和就业第一主体，在国民经济中所占比重稳步提升，对国民经济的带动和支撑作用明显增强。发展现代服务业既是加快转变经济发展方式的重要举措，也是适应经济新常态、促进产业结构优化升级的重要政策导向。培育现代服务业，提升服务业供给质量和效率是供给侧结构性改革中不可或缺的重要一环。

2013年，中国服务业增加值占GDP比重达46.9%，首次超过第二产业。其后该项比值持续上升，在2015年首破50%。2016年，服务业增速比第二产业高出1.7个百分点，服务业占GDP的比重上升至51.6%，比第二产业高出11.8个百分点。服务业对经济的拉动引领作用进一步增强。2017年，中国服务业增加值427032亿元，占GDP的比重为51.6%，超过第二产业11.1个百分点，成为中国第一大产业。

2018年12月4日，湖北省宜昌市居民在家门口的智慧居家养老服务中心练习演唱歌曲。中心开设了棋牌娱乐室及音乐、舞蹈、太极等30门课程以及服务于老人公益事业的"守望夕阳"志愿者联盟等平台，为不同年龄段的长者提供精准优质服务。

服务业增加值比上年增长 8.0%，高于全国 GDP 增长 1.1 个百分点，连续 5 年增速高于第二产业。服务业对经济增长的贡献率为 58.8%，比上年提高了 1.3 个百分点，成为推动中国经济增长的主动力。2018年，服务业延续平稳较快增长态势，服务业增加值 469575 亿元，同比增长 7.6%。2018 全年规模以上服务业企业营业收入比上年增长 11.4%，营业利润增长 6.5%。服务业作为国民经济第一大产业，有效支撑和推动了国民经济稳中向好。

供需结构错配也是中国服务业的一个突出问题，矛盾的主要方面在供给侧，集中表现为多样化、个性化、中高端需求难以得到满足，同时，存在着大量的供给过剩。随着城乡居民消费结构升级，中国将进入追求个性、高品质、安全、健康、便利的消费阶段，信息网络服务、文化娱乐、旅游、教育培训、健康养老、家政等服务产品将成为新的消费热点，绝大多数服务业在"十三五"期间并不存在产能过剩的问题，而是面临有效供给不足、中高端服务供给不足的问题，难以满足人民群众日益增长的服务需求。

批发和零售业、交通运输业、邮政和仓储业等传统服务行业占据中国生产性服务行业产值的很大部分；而金融业、科学研究、技术服

2018 年 8 月 31 日，在南京举行的软件产品和信息服务交易博览会上，参观者在 5G 展区观摩体验。

务、信息传输、计算机服务和软件业、租赁和商务服务业、休闲旅游、大健康在全国生产性服务业中的产值占比仍有待提高。

服务业供给侧结构性改革的核心在于提高供给侧对需求侧变化的适应性，更好满足广大人民多样化、多层次的需求，深入开展加快现代服务业改革发展，推动生产性服务业向专业化和价值链高端延伸、生活性服务业向精细化和高品质转变，增加公共产品和公共服务供给，要培育若干具有较强国际影响力的服务品牌，促进服务业发展提速、比重提高、水平提升。为适应和引领新常态，促进国民经济平稳健康发展，要加快推进服务业供给侧结构性改革，扩大服务业对外开放，优化服务业发展环境，推动生产性服务业向专业化和价值链高端延伸，促进服务业提质增效升级，有效满足社会需求。

中国先后于 2014 年和 2015 年出台了《关于加快发展生产性服务业促进产业结构调整升级的指导意见》和《关于加快发展生活性服务业促进消费结构升级的指导意见》，对服务业升级创新进行顶层设计，

北京国际机场通往市区的高速公路

推动新兴服务业发展。

随着供给侧结构性改革深入推进，服务业结构持续优化，服务业新动能不断孕育，新产业新经济蓬勃兴起，活力和实力不断增强。

中国服务业中的一些行业已迈入世界前列，实现了从跟跑到并跑领跑的飞跃。2017 年，中国高速铁路里程、高速公路里程、快递业务规模等已远超其他国家，稳居世界第一；移动支付、共享经济、大数据运用已走在世界前列；电信业在 5G 技术、标准、产业、应用等方面正成为全球引领者；金融业人民币国际化步伐加快，不仅跻身储备货币，而且开始成为石油贸易的计价货币；科技创新取得新成就，研究和开发支出占 GDP 比重上升到 2.12%，超过欧盟 15 国的平均水平。

以"互联网＋"为标志的服务业新经济高速成长。2017 年，规模以上服务业企业中，与共享经济、数字经济密切相关的互联网信息服务业、信息技术咨询服务业、数据处理和存储服务业营业收入分别增长 42.9%、35.4%、39.1%。全年电子商务交易额达 29.16 亿元，比上年增长 11.7%；网上商品零售额增长 32.2%。银行业金融机构处理移动支付业务金额比上年增长 28.8%；非银行支付机构发生网络支付业务金额增长 44.32%。

新兴服务业发展势头强劲。2017 年，规模以上服务业中，战略性新兴服务业、高技术服务业、科技服务业营业收入分别增长 17.3%、13.2%、14.4%，比上年提高 2.2、2.8、3.1 个百分点。

幸福产业发展态势良好。随着人民群众对美好生活需求的日益增长，旅游、文化、体育、健康、养老服务业稳定健康发展。2017 年，规模以上服务业企业幸福产业营业收入合计增长 13.7%，比上年加快 1.9 个百分点。幸福产业在国民经济中比重不断提升。2016 年，旅游及相关产业、文化及相关产业、体育产业增加值占国内生产总值的比

2018 年 10 月 31 日，游客前往拉萨布达拉宫参观。

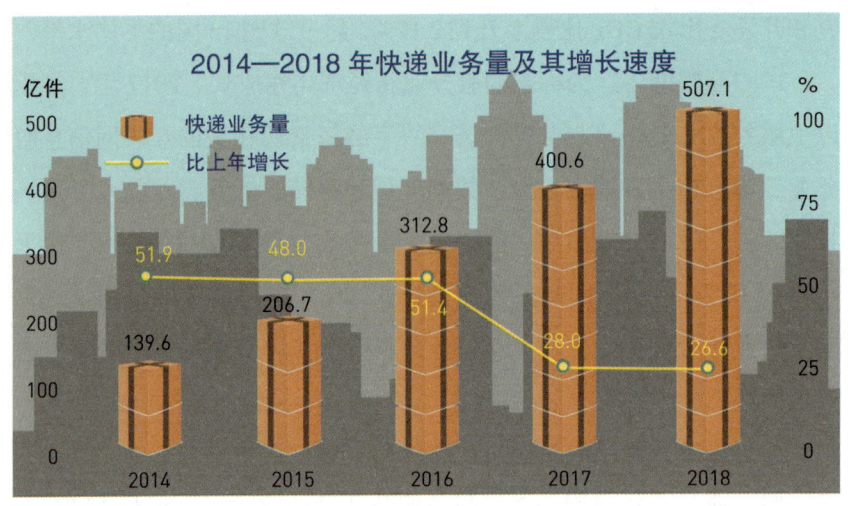

2014—2018 年快递业务量及其增长速度

亿件
- 快递业务量
- 比上年增长

507.1
400.6
312.8
206.7
139.6

51.9 48.0 51.4 28.0 26.6

2014 2015 2016 2017 2018

重达到 4.44%、4.14% 和 0.87%，较上年提高了 0.08、0.19、0.13 个百分点。人民群众的幸福感、获得感得到进一步提升。

启动新一轮国家服务业综合改革试点，实施高技术服务业创新工程，大力发展数字创意产业。放宽市场准入，提高生产性服务业专业化、生活性服务业精细化水平。建设一批光网城市，推进 5 万个行政村通光纤，让更多城乡居民享受数字化生活。

信息传输、软件和信息技术服务业，租赁和商务服务业等现代服务业对经济增长的引领作用不断增强。2017 年，信息传输、软件和信息技术服务业，租赁和商务服务业增加值总量分别比上年增长26.0%、10.9%，远高于国民经济平均增速。实施"互联网＋"发展战略，互联网经济、数字经济、共享经济等新经济已成为推动中国经济增长的新动力、新引擎。2017 年，规模以上服务业企业营业收入增长13.6%，比上年提升 2.6 个百分点；企业利润总额增长 16.1%，比上年上升 17.1 个百分点；企业营业收入利润率为 15.1%，高于规模以上工业企业 8.6 个百分点。"三去一降一补"取得明显成效，规模以上服务业企业每百元营业收入成本费用为 93.62 元，较 2016 年下降 0.47 元，创下三年新低。

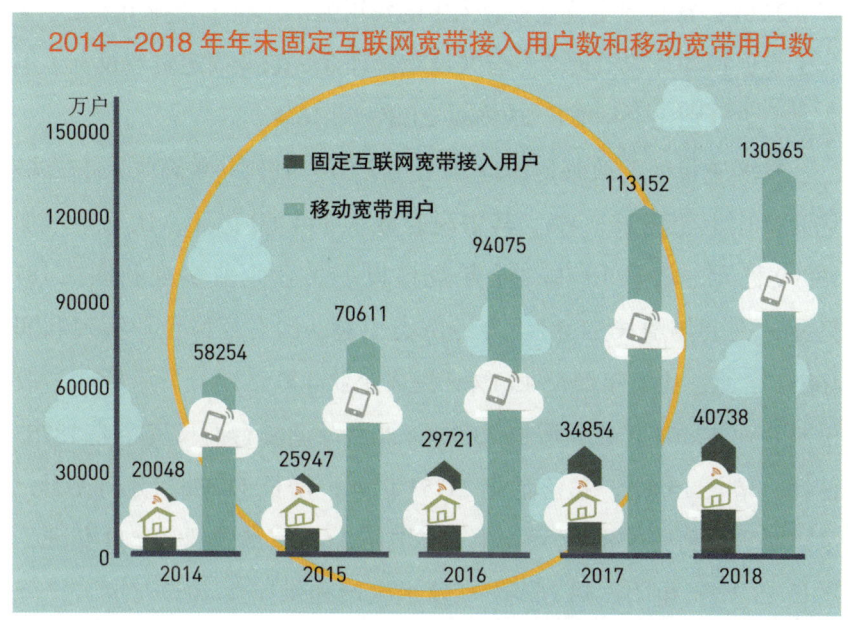

2014—2018 年年末固定互联网宽带接入用户数和移动宽带用户数

万户

固定互联网宽带接入用户

移动宽带用户

◎ "三去一降一补"：去产能、去库存、去杠杆、降成本、补短板

供给侧结构性改革的阶段性重点是"三去一降一补"，就是在生产过剩的领域"去产能"，在房地产领域去掉多余的库存，降低过高的杠杆率，在全社会降低成本，在整个经济结构中补上公共服务、基础设施和制度性短板，全面提升供给体系的适应力和创新性。

2017 年，"三去一降一补"落实有力。2017 全年全国工业产能利用率为 77.0%，比上年提高 3.7 个百分点。其中，煤炭开采和洗选业产能利用率为 68.2%，比上年提高 8.7 个百分点；黑色金属冶炼和压延加工业产能利用率为 75.8%，提高 4.1 个百分点。年末商品房待售面积 58923 万平方米，比上年末减少 10616 万平方米。其中，商品住宅待售面积 30163 万平方米，减少 10094 万平方米。年末规模以上工业企业资产负债率为 55.5%，比上年末下降 0.6 个百分点。全年规模以上工业企业每百元主营业务收入中的成本为 84.92 元，比上年下降 0.25 元；每百元主营业务收入中的费用为 7.77 元，下降 0.2 元。全年生态保护和环境治理业、公共设施管理业、农业固定资产投资（不含农户）分别比上年增长 23.9%、21.8% 和 16.4%。

发展质量效益改善。2017 年全年全国一般公共预算收入 172567 亿元，比上年增长 7.4%。其中税收收入 144360 亿元，比上年增加 13999 亿元，增长 10.7%。全年规模以上工业企业实现利润 75187 亿元，比上年增长 21.0%。分经济类型看，国有控股企业实现利润 16651 亿元，比上年增长 45.1%；集体企业 400 亿元，下降 8.5%，股份制企业 52404 亿元，增长 23.5%，外商及港澳台商投资企业 18753 亿元，增长 15.8%；私营企业 23753 亿元，增长 11.7%。分门类看，采矿业实现利润 4587 亿元，比上年增长 2.6 倍；制造业 66511 亿元，增长 18.2%；电力、热力、燃气及水生产和供应业 4089 亿元，下降 10.7%。全年规模以上服务业企业实现营业利润 23645 亿元，比上年增长 24.5%。全年全员劳动生产率为 101231 元 / 人，比上年提高 6.7%。全年制造业产品质量合格率为 93.71%。

始建于 1934 年 8 月的山西白家庄矿，于 2016 年 10 月在全国煤炭去产能的大潮中首批谢幕。

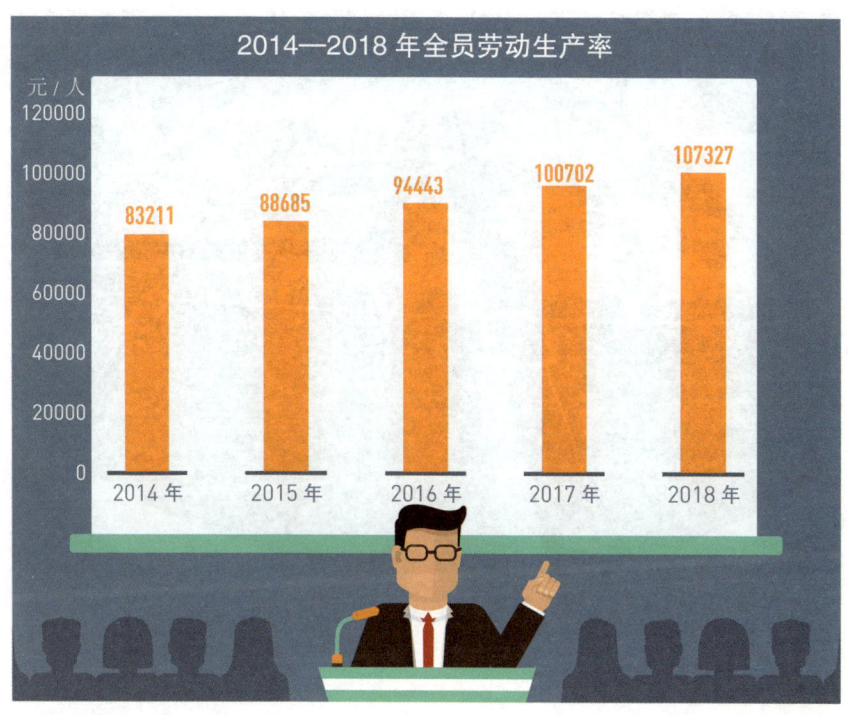

2014—2018年全员劳动生产率

中国推进供给侧结构性改革，已经取得了阶段性成效。2018政府工作报告中指出，五年来，在淘汰水泥、平板玻璃等落后产能基础上，以钢铁、煤炭等行业为重点加大去产能力度，中央财政安排1000亿元专项奖补资金予以支持，用于分流职工安置。退出钢铁产能1.7亿吨以上、煤炭产能8亿吨，安置分流职工110多万人。因城施策分类指导，三四线城市商品住宅去库存取得明显成效，热点城市房价涨势得到控制。积极稳妥去杠杆，控制债务规模，增加股权融资，工业企业资产负债率连续下降，宏观杠杆率涨幅明显收窄、总体趋于稳定。多措并举降成本，压减政府性基金项目30%，削减中央政府层面设立的涉企收费项目60%以上，阶段性降低"五险一金"缴费比例，推动降低用能、物流、电信等成本。突出重点加大补短板力度。

2018年，中国经济延续了2017年以来的平稳运行态势，经济增长的结构、质量、效益继续改善，经济发展的韧性增强，高质量发展

2018年9月19日，观众在第五届中国（连云港）丝绸之路国际物流博览会上参观。

特征显现。

一是经济运行稳定性增强，经济增速、就业、物价、国际收支等宏观指标比较均衡。经济增速稳定在合理区间。上半年经济增长6.8%，一季度增长6.8%，二季度增长6.7%，已连续12个季度稳定运行在6.7%—6.9%的区间。就业保持平稳态势，全国城镇调查失业率连续三个月低于5%。物价保持总体稳定。居民消费价格上涨2%，二季度比一季度回落0.1个百分点，工业生产者出厂价格上涨3.9%，涨幅比一季度上升0.2个百分点。国际收支更趋平衡。贸易顺差9013亿元，比上年同期收窄26.7%。总体上看，经济增速、就业、物价、国际收支等宏观指标更趋匹配。

二是结构调整更趋深化，消费贡献率和服务业占比继续提高。从需求结构看，上半年最终消费支出对经济增长的贡献率为78.5%，比上年同期提高了14.2个百分点，高于资本形成总额47.1个百分点，消费对经济增长的基础性作用进一步增强。从外贸结构看，上半年进出口中一般贸易比重上升到59%，同比提高了2.3个百分点。从生产结构看，第三产业增加值占GDP的比重继续提高，达到了54.3%，服务业对经济增长的贡献达到60.5%，分别比上年同期提高0.3和1.4个百分点。消费贡献率上升、外需结构改善、服务业占比提高，对中国转向高质量发展具有积极意义。

三是发展动力加快转换，新产业、新产品、新业态、新模式继续较快发展。从新产业看，上半年工业战略性新兴产业增加值同比增长8.7%，比规模以上工业高2个百分点。从新产品看，新能源汽车、工业机器人和集成电路分别增长88.1%、23.9%和15%，3D打印设备、生物基化学纤维、单晶硅、石墨烯等产品快速增长。从新业态看，网上零售额增长30.1%，其中实物商品网上零售额增长29.8%，占社会消费品零售总额的比重达到17.4%。从新模式看，平台经济、数字经济等加快发展。科技创新和技术扩散加快，推动全要素生产率保持了2015年以来的回升态势，增速已接近2%。总体上看，中国生产方式

2018年5月，"印度馆"亮相中国·廊坊国际经济贸易洽谈会。

数字化、网络化、智能化水平继续提升，供给体系质量有所提高。

四是经济效益继续改善，居民、企业、政府收入都保持稳定增长。居民收入增长与经济增长基本保持同步。上半年，全国城乡居民人均可支配收入实际增长 6.6%，与一季度持平，人均收入增长快于人均 GDP 增长。企业利润保持较快增长。在供给侧结构性改革的推动下，供求关系继续改善，工业产能利用率上升，1—5 月规模以上工业企业利润增长 16.5%，比上年同期提高 0.35 个百分点；规模以上服务业企业营业收入同比增长 13.3%，比上年同期提高 0.2 个百分点。政府财政收入稳定增长。上半年一般公共预算收入增长 10.6%，比上年同期提高 0.8 个百分点。总体上看，居民、企业、政府等各主体收入增长都保持稳定，经济效益改善势头仍在延续。

五是民间投资继续回升，经济增长内生动力增强。民间投资摆脱了过去两年低迷走势，上半年同比增长 8.4%，比固定资产投资增速高 2.4 个百分点，比上年同期提高 1.2 个百分点。在民间投资带动下，制造业投资增速回升，上半年制造业投资增长 6.8%，增速连续三个月回升，比一季度提高 3.0 个百分点，比上年同期提高 1.3 个百分点。民间投资和制造业投资回升态势，表明社会投资信心持续改善，经济增长内生动力增强。

六是供给侧结构性改革深入推进，市场预期保持稳定。去产能继续深化。上半年，全国工业产能利用率为 76.7%，比一季度提高 0.2 个百分点，产能利用率提高，供需更趋平衡。去库存进展明显。6 月末全国商品房待售面积同比下降 14.7%。降成本成效显现。1—5 月份规模以上工业企业每百元主营业务收入中的成本为 84.49 元，同比减少 0.31 元。补短板继续推进。上半年生态保护和环境治理业、农业投资同比分别增长 35.4% 和 15.4%，分别高于全部投资 29.4 和 9.4 个百分点。市场预期总体改善。6 月份，制造业采购经理指数为 51.5%，非制造业商务活动指数为 55.0%，持续处在扩张区间。

2018 年 8 月 15 日，江西南昌鳞次栉比的商品房住宅小区和商业综合体。

七是去杠杆取得积极进展，防控金融风险成效初显。在加强金融监管、规范地方负债和企业效益回升等因素综合作用下，去杠杆取得进展，同业和表外业务规模明显收缩，金融体系无序膨胀势头得到遏制，地方政府隐性债务扩张势头放缓，PPP 乱象得到治理。宏观杠杆率逐步趋稳，微观杠杆率下降，5 月末规模以上工业企业资产负债率为 56.6%，同比下降 0.6 个百分点。各方面风险防范意识得到强化，"刚性兑付"和"隐性担保"的市场预期正在改变。

第四章　脱贫攻坚

　　贫困问题是几千年来一直困扰人类社会的顽疾。中国的减贫事业绝对是中国共产党领导完成的一项可以载入人类史册的伟大事业。过去近 40 年来，中国有 7 亿多人口摆脱了贫困，对全球减贫的贡献率超过 70%。最近 5 年，中国平均每年减少农村贫困人口超 1300 万人，可以说创造了世界减贫史上的奇迹。中国经过长期努力，在扶贫领域取得了突出成绩，中国成为世界上减贫人口最多的国家，也是世界上率先完成联合国千年发展目标的国家。中国不仅以自身的减贫成就为全球减贫发展作出了积极贡献，也以减贫实践和减贫理念为其他发展中国家开展减贫工作提供了理论和实践范本，促进了世界减贫经验的积累、丰富和传播。

中国特色脱贫之路

消除贫困、改善民生、逐步实现共同富裕，是中国共产党的重要使命。中华人民共和国建立后，政府贯彻生产自救方针，采取发放救济款资助生产和"以工代赈"等措施，取得了显著成效，对改变农村面貌、保障贫困户生活起到了一定的作用。1978 年以后，适应农村经济体制改革的形势，政府有组织、有计划地扶持贫困户从发展生产和商品经济入手，依靠国家、集体力量和群众互助，采取干部分工负责、富裕户扶助贫困户、逐户落实等办法，帮助贫困户发挥自身潜能，达到摆脱贫困的目的。1983 年起，国家在继续扶持贫困户发展生产的同时，投入更大力量对贫困地区实行经济开发。1986 年，中国从上到下正式成立了专门扶贫机构，确定了开发式扶贫方针，确定了划分贫困县的标准，并划定了 273 个国家级贫困县；后来将牧区县、"三西"项目县加进来，到 1988 年增加到 328 个国家级贫困县。1994 年，国家启动"八七"扶贫攻坚计划，经过重新调整，国家级贫困县增至592 个。到 2000 年底，除了少数社会保障对象和生活在自然环境恶劣地区的特困人口，以及部分残疾人以外，全国农村贫困人口的温饱问题已经基本解决，《国家八七扶贫攻坚计划》确定的战略目标基本实现。在短短 20 多年时间里，中国解决了 2 亿多贫困人口的温饱问题。

从 2001 年到 2010 年，中国把扶贫开发事业推向一个新的阶段，集中力量，加快贫困地区脱贫致富的进程。2001 年，《中国农村扶贫开发纲要（2001—2010 年）》出台，取消了沿海发达地区的所有国

2018年11月30日,江西省九江市濂溪区汤桥村贫困户正在采摘金丝皇菊。

家级贫困县,增加了中西部地区的贫困县数量,但总数不变,同时将国家级贫困县改为扶贫开发重点县。2001—2010年,中国扶贫开发各项工作扎实推动,进展顺利。贫困人口大幅度减少,贫困发生率从10.2%减少到3.8%;重点县农民人均纯收入年均实际递增7.6%,略高于全国农村的平均增长水平,基础设施社会事业全面加强,县域经济较快发展。2010年10月底,《中共中央关于制定十二五规划的建议》提出,要"逐步提高扶贫标准,加大扶贫投入"。农村贫困人口是最突出的短板。虽然全面小康不是人人同样的小康,但如果现有的7000多万农村贫困人口生活水平没有明显提高,全面小康也不能让人信服。"十三五"时期,是全面建成小康社会、实现第一个百年奋斗目标的决胜阶段,也是打赢脱贫攻坚战的决胜阶段。2011年5月27日中共中央、国务院公布《中国农村扶贫开发纲要(2011—2020年)》。2014年初,中共中央、国务院印发的《关于创新机制扎实推进农村扶贫开发工作的意见》规定,国家制定统一的扶贫对象识别办法,对每

2018 年 11 月 7 日，河北省沧州市盐山县姜庄村脱贫农民闫祖强抱着自己养殖的孔雀。闫祖强在当地家庭农场的扶持下从事孔雀养殖，每月有2000 多元的收入。

个贫困村、贫困户建档立卡，建设全国扶贫信息网络系统。"这意味着中央将扶贫思路调整为以户和以人为单位的精准扶贫。"

2015 年 6 月，习近平在贵州召开部分省区市党委主要负责同志座谈会时强调，扶贫开发"贵在精准，重在精准，成败之举在于精准"。在中央扶贫开发工作会议上，习近平提出，实施发展生产脱贫、易地搬迁脱贫、生态补偿脱贫、发展教育脱贫、社会保障兜底的"五个一批"工程，让精准扶贫有了明确的战略思路。从区域扶贫转为精准扶贫，这是一个相当大的跨越。2015 年 7 月 20 日，专门研究扶贫开发工作，作出了实施脱贫攻坚工程、到 2020 年实现现行标准下农村贫困人口全部脱贫的重大决定。

实现到 2020 年让 7000 多万农村贫困人口摆脱贫困的既定目标，时间十分紧迫，任务相当繁重。必须在现有基础上不断创新扶贫开发思路和办法，坚决打赢这场攻坚战。2015 年 11 月，中共中央、国务院印发《关于打赢脱贫攻坚战的决定》，明确提出：到 2020 年，稳定实现农村贫困人口不愁吃、不愁穿，义务教育、基本医疗和住房安全有保障。实现贫困地区农民人均可支配收入增长幅度高于全国平均水平，基本公共服务主要领域指标接近全国平均水平。确保中国现行标准下农村贫困人口实现脱贫，贫困县全部摘帽，解决区域性整体贫困。2013 年至 2016 年，中国贫困地区农村居民人均收入连续保持两位数增长率，年均实际增长 10.7%。

按现行农村贫困标准衡量的农村贫困状况

年份	当年价贫困标准（元/年·人）	贫困发生率（%）	贫困人口规模（万人）
1978	366	97.5	77039
1980	403	96.2	76542
1985	482	78.3	66101
1990	807	73.5	65849
1995	1511	60.5	55463
2000	1528	49.8	46224
2005	1742	30.2	28662
2010	2300	17.2	16567
2011	2536	12.7	12238
2012	2625	10.2	9899
2013	2736	8.5	8249
2014	2800	7.2	7017
2015	2855	5.7	5575
2016	2952	4.5	4335
2017	2952	3.1	3046

数据来源：国家统计局农村住户调查和居民收支与生活状况调查。其中，2010 年以前数据是根据历年全国农村住户调查数据、农村物价和人口变化，按现行贫困标准测算取得。

国际减贫理论基于不同视角，对贫困成因及减贫主张各有侧重。目前来看，世界各国的减贫实践，多以目标相对集中的减贫项目或减

2018年，贵州省丹寨县非遗手工经济模式共带动全县近8000名绣娘居家就业，脱贫增收。

贫计划为载体，推动贫困地区发展方式的渐进转变。中国实施的精准扶贫，着眼于深度扶贫开发边际效用递减的现实问题，借鉴国际减贫的成功经验，对贫困地区的发展进行顶层设计，是对世界减贫理论的创新和发展。中国极端贫困人口的大幅减少，归功于经济进步发展，离不开政府从精准扶贫向精准脱贫转变的战略部署。中国精准扶贫的理论和实践表明，有良好的政治意愿、科学的扶贫战略、适宜的政策措施，实现整体脱贫是完全可能的。中国的成功实践对推进世界减贫事业具有重要启示，为世界减贫开辟一条重要道路。世界银行2018年发布的《中国系统性国别诊断》报告称"中国在快速经济增长和减少贫困方面取得了'史无前例的成就'"。联合国秘书长古特雷斯在"2017减贫与发展高层论坛"时发贺信盛赞中国减贫方略，称"精准减贫方略是帮助最贫困人口、实现2030年可持续发展议程宏伟目标的唯一途径。中国已实现数亿人脱贫，中国的经验可以为其他发展中国家提供有益借鉴"。

全面建成小康社会，坚决打赢脱贫攻坚战

改革开放以来中国农村贫困人口减少 7.4 亿人。按当年农村贫困标准衡量，1978 年末农村贫困发生率约 97.5%，以乡村户籍人口作为总体推算，农村贫困人口规模 7.7 亿人；2017 年末农村贫困发生率为 3.1%，贫困人口规模为 3046 万人。从 1978 年到 2017 年，我国农村贫困人口减少 7.4 亿人，年均减贫人口规模接近 1900 万人；农村贫困发生率下降 94.4 个百分点，年均下降 2.4 个百分点。

21 世纪以来中国农村减贫规模占减贫总规模近六成。2000 年末，农村贫困发生率为 49.8%，农村贫困人口规模为 4.6 亿人。2000 年以来，农村贫困人口减少 4.3 亿人，占改革开放以来农村减贫总规模的 58.4%；贫困发生率下降 46.7 个百分点，年均下降 2.7 个百分点。特别是中国共产党第十八次全国代表大会以来，动员全党全国全社会力量，打响脱贫攻坚战，脱贫攻坚成效显著，取得了决定性进展。按现行贫困标准，2013 年至 2017 年农村减贫人数分别为 1650 万、1232 万、

2009 年，海南省创办了"扶贫巾帼励志中专班"，免费招收来自贫困家庭的女孩读书。图为 2018 年 10 月 12 日海南省经济技术学校"巾帼班"的学生们在认真上课。

1442 万、1240 万、1289 万人，不仅每年减贫人数均在 1000 万以上，而且打破了以往新标准实施后脱贫人数逐年递减的格局。五年来，农村累计减贫 6853 万人，减贫幅度接近 70%，年均减贫 1370 万人；贫困发生率也从 2012 年末的 10.2% 下降到 2017 年末的 3.1%。2018 年脱贫攻坚成效显著，按照每人每年 2300 元（2010 年不变价）的农村贫困标准计算，年末农村贫困人口 1660 万人，比上年末减少 1386 万人；贫困发生率 1.7%，比上年下降 1.4 个百分点。全年贫困地区农村居民人均可支配收入 10371 元，比上年增长 10.6%，扣除价格因素，实际增长 8.3%。

◎ 脱贫目标

到 2020 年，稳定实现现行标准下农村贫困人口不愁吃、不愁穿，义务教育、基本医疗和住房安全有保障（以下称"两不愁、三保障"）。贫困地区农民人均可支配收入比 2010 年翻一番以上，增长幅度高于全国平均水平，基本公共服务主要领域指标接近全国平均水平。确保中国现行标准下农村贫困人口实现脱贫，贫困县全部摘帽，解决区域性整体贫困。

"十三五"时期贫困地区发展和贫困人口脱贫主要指标

指标	2015 年	2020 年	属性	数据来源
建档立卡贫困人口（万人）	5630	实现脱贫	约束性	国务院扶贫办
建档立卡贫困村（万个）	12.8	0	约束性	国务院扶贫办
贫困县（个）	832	0	约束性	国务院扶贫办
实施易地扶贫搬迁贫困人口（万人）	—	981	约束性	国家发展改革委、国务院扶贫办
贫困地区农民人均可支配收入增速（%）	11.7	年均增速高于全国平均水平	预期性	国家统计局
贫困地区农村集中供水率（%）	75	≥ 83	预期性	水利部
建档立卡贫困户存量危房改造率（%）	—	近 100	约束性	住房城乡建设部、国务院扶贫办
贫困县义务教育巩固率（%）	90	93	预期性	教育部
建档立卡贫困户因病致（返）贫户数（万户）	838.5	基本解决	预期性	国家卫生计生委
建档立卡贫困村村集体经济年收入（万元）	2	≥ 5	预期性	国务院扶贫办

第五章　推动形成全面开放新格局

中国改革开放取得的成就充分证明，对外开放是推动国家经济社会发展的重要动力，要保持经济持续健康发展，就必须全面谋划全方位对外开放大战略。当前中国经济正逐步由高速增长阶段转向高质量发展阶段，正处在转变发展方式、优化经济结构、转换增长动力的攻关期，这就需要继续抓住经济持续全球化的战略机遇，积极利用国内国际两个市场的资源，以更加积极主动的姿态走向世界，推动形成全面开放新格局，进一步强化与其他国家地区的经济交流和合作，促使经济迈向高质量发展的正确轨道。

中国坚定不移实行对外开放的基本国策

改革开放 40 年经济社会取得的成就，就在于抓住了对外开放的战略。早在 1978 年 9 月，邓小平就提出要吸收外国资金、技术和管理经验，也要大力发展对外贸易，之后他经常重申这些主张。1982 年中国共产党第十二次全国代表大会召开，正式提出了中国实行对外开放的基本政策——独立自主、自力更生，无论过去、现在和将来，都是我们的立足点。坚定不移地实行对外开放政策，在平等互利的基础上积极扩大对外交流。1993 年中国共产党十四届三中全会提出：充分利用国际国内两个市场、两种资源，优化资源配置，发展开放型经济。1997 年中国共产党第十五次全国代表大会报告中进一步提出"完善全方位、多层次、宽领域的对外开放格局，发展开放型经济"。2000 年中国共产党十五届五中全会再次提出"进一步扩大对外开放，发展开放型经济"，指出应充分利用加入世界贸易组织的发展机遇，并首次提出实施"走出去"战略，努力在利用国内外两种资源、两个市场方面有新的突破。2002 年中国共产党的第十六次全国代表大会报告总结对外开放的成就时指出："中国加入世界贸易组织，对外开放进入新阶段。"中国共产党十六届三中全会提出了"深化涉外经济体制改革"和"完善对外开放的制度保障"的改革任务。中国共产党十六届五中全会提出的任务是，要推进"开放型经济达到新水平"，并首次提出促进全球贸易和投资自由化便利化和实施互利共赢的开放战略。2007年中国共产党的第十七次全国代表大会报告宣告，中国开放型经济进

分布在世界近 200 个国家和地区的 6000 多万海外侨胞是中国改革开放事业的开拓者、参与者、贡献者。2010 年，2010 名海外侨胞齐聚上海共享世博。

入新阶段，未来的任务是提高开放型经济水平，总的要求是，扩大开放领域、优化开放结构、提高开放质量，完善内外联动、互利共赢、安全高效的开放型经济体系，形成经济全球化条件下参与国际经济合作和竞争新优势。2010 年 10 月中国共产党十七届五中全会进一步提出"完善更加适应发展开放型经济要求的体制机制"，并首次提出"积极参与全球经济治理和区域合作"与"推动国际经济体系改革"的主张。

2012 年中国共产党的第十八次全国代表大会以来，中国加快构建开放型经济新体制，更高水平的开放格局正在形成。中国坚定不移实

2018 年 11 月 6 日，中国国务院总理李克强同主要国际经济金融机构负责人举行第三次"1＋6"圆桌对话会。

行对外开放的基本国策，主动参与和推动经济全球化，习近平也不断重申"中国将在更大范围、更宽领域、更深层次上提高开放型经济水平"，"完善互利共赢、多元平衡、安全高效的开放型经济体系"，并第一次提出了共同维护和发展开放型世界经济的新理念。

2013 年，中国提出共建"一带一路"倡议，推动经济全球化健康发展。同年，中国（上海）自由贸易试验区成立。中国共产党十八届三中全会明确提出要"构建开放型经济新体制"，这是在继续扩大服务业开放和外资准入以及推出中国上海自由贸易试验区举措、加快自由贸易区建设和"一带一路"建设的重大背景下提出的任务。2015 年中国共产党十八届五中全会提出："必须顺应经济深度融入世界经济的趋势，奉行互利共赢的开放战略，发展更高层次的开放型经济，积极参与全球经济治理和公共产品供给，提高我国在全球经济治理中的制度性话语权，构建广泛的利益共同体。"必须丰富对外开放内涵，提高对外开放水平，协同推进战略互信、经贸合作、人文交流。首个由中国倡议设立的多边金融机构亚洲基础设施投资银行成立；2016年，人民币纳入特别提款权（SDR）货币篮子；2017年，首届"一带一路"国际高峰论坛在北京举办；2018年，中国国家主席习近平出席博鳌亚洲论坛年会开幕式并发表主旨演讲，宣布了一系列对外开放重大举措。对外贸易实现历史性跨越，区域开放布局不断优化，外商投资环境持续改善，对外投资合作深入推进。

　　20多年来，伴随着中国对外开放实践的扩大和发展，中国形成了对外开放的政治经济学理论，并不断完善互利共赢、多元平衡、安全高效的开放型经济体系，完善对外开放战略布局和积极参与全球经济治理和公共产品供给等。站在新的历史起点上，实现"两个一百年"奋斗目标、实现中华民族伟大复兴的中国梦，必须适应经济全球化新趋势、准确判断国际形势新变化、深刻把握国内改革发展新要求，以更加积极有为的行动，推进更高水平的对外开放，加快实施自由贸易

2018年11月8日，以"改革开放的中国与世界"为主题的博鳌亚洲论坛青年会议在香港会展中心举行。

2018年12月7日，中日韩自贸区第十四轮谈判首席谈判代表会议在北京举行。

区战略，加快构建开放型经济新体制，以对外开放的主动赢得经济发展的主动、赢得国际竞争的主动。开放带来进步，封闭导致落后，这已为世界和中国发展实践所证明。

把新时代对外开放推向纵深

从高速增长转向高质量发展的背景下，中国将进一步解放思想，坚定不移贯彻新发展理念，坚持对外开放的基本国策，奉行互利共赢的开放战略，以开放的主动赢得发展的主动和国际竞争的主动，推动形成全面开放新格局。

◎货物贸易总量高速增长

货物进出口规模实现跨越式发展。1978年到2017年，按人民币计价，进出口总额从355亿元提高到27.8万亿元，增长782倍，年均增速达 18.6%。其中，出口总额从 168 亿元提高到 15.3 万亿元，增长 914 倍，年均增速为 19.1%；进口总额从 187 亿元提高到 12.5 万亿元，增长 664 倍，年均增速为 18.1%。按美元计价，进出口总额从 206 亿美元提高到 4.1 万亿美元，增长 198 倍，年均增速达 14.5%。其中，出口总额从 97.5 亿美元提高到 2.3 万亿美元，增长 231 倍，年均增速为 15%；进口总额从 109 亿美元提高到 1.8 万亿美元，增长 168 倍，年均增速为 14.1%。中国共产党第十八次全国代表大会以来，中国坚持深化改革、扩大开放，积极应对国际金融危机后续影响等一系列重大风险挑战，努力适应外贸发展新常态，进出口形势明显好于世界其他主要经济体，对世界贸易发展作出重要贡献。

货物贸易占世界比重大幅提升。改革开放初期，中国货物进出口占国际市场份额仅为 0.8%，在全球货物贸易中列第 29 位。随着货物贸易额稳步增加，居世界的位次逐步提高，特别是加入世界贸易组织后，中国货物贸易规模相继超越英国、法国、德国和日本。2009 年起，

2018 年 3 月 22 日，江苏南通港忙着转运进口硫黄。

2017 年 9 月 6 日，2017 全球服务外包大会暨第二届中国服务贸易创新发展武汉峰会在武汉举行。

中国连续 9 年保持货物贸易第一大出口国和第二大进口国地位。2013 年起，中国超越美国成为全球货物贸易第一大国，并连续 3 年保持这一地位。2017 年，中国进出口占全球份额为 11.5%，货物贸易重回全球第一，其中出口占比为 12.8%，进口占比为 10.2%；中国也是增长最快的全球主要进口市场，进口增速比美国、德国、日本和全球分别高出 8.9、5.5、5.4 和 5.3 个百分点。

◎服务进出口规模持续扩大

服务进出口总量迅速增长。1982 年到 2017 年，中国服务进出口总额从 46.9 亿美元增长到 6957 亿美元，增长 147 倍，年均增长 15.4%。其中，服务出口增长 84.4 倍，年均增长 13.5%；服务进口增长 230 倍，年均增长 16.8%。2013—2017 年，中国服务贸易累计进出口 3.2 万亿美元，年均增长 7.6%。其中出口 1.1 万亿美元，年均增长 2.5%；进口 2.1 万亿美元，年均增长 10.7%。2017 年，中国服务出口增幅达 8.9%，出口增速比进口高 5.5 个百分点，7 年来中国服务出口增速首次高于进口。2018 年服务进出口总额 52402 亿元，比上年增长

11.5%。其中，服务出口 17658 亿元，增长 14.6%；服务进口 34744 亿元，增长 10.0%。服务进出口逆差 17086 亿元。

服务贸易国际地位大幅提升。据世界贸易组织统计，1982 年到 2017 年，中国服务出口世界排名由第 28 位上升至第 5 位；进口由第 40 位上升至第 2 位，并连续五年保持这一地位。2005 年到 2017 年，中国服务进出口占世界的比重由 3.2% 上升至 6.6%，其中出口占比由 3.2% 上升至 4.3%，进口占比由 3.2% 上升至 9.1%。

◎利用外资规模不断扩大

改革开放初期，中国利用外资规模小，方式以对外借款为主。1983 年，中国实际利用外资 22.6 亿美元，其中，对外借款 10.7 亿美元，外商直接投资 9.2 亿美元。20 世纪 90 年代以来，随着利用外资方式的优化，外商直接投资成为利用外资的主体。改革开放以来，中国累计使用外商直接投资超过 2 万亿美元。2013—2017 年，中国实际使用外商直接投资 6580 亿美元。2017 年，实际使用外资 1363 亿美元，规

2018 年 11 月 29 日，中国义乌国际智能装备博览会上，来自荷兰等国家的外商在调试机器人。

模是 1983 年的 60 倍，年均增长 12.8%。截至 2017 年底，实有注册的外商投资企业近 54 万家。2017 年中国是全球第二大外资流入国，自 1993 年起利用外资规模稳居发展中国家首位。

2018 全年外商直接投资（不含银行、证券、保险领域）新设立企业 60533 家，比上年增长 69.8%；实际使用外商直接投资金额 8856 亿元，增长 0.9%，折 1350 亿美元，增长 3.0%。

◎外商投资环境持续改善

外商投资管理体制逐步优化。2014 年以前，中国对外商投资项目全部实行核准制。2014 年《外商投资项目核准和备案管理办法》出台，外商投资项目管理由全面核准向普遍备案和有限核准转变，目前 96% 以上的外商投资实行属地备案。作为指导管理外商投资项目依据的《外商投资产业指导目录》，自 1995 年首次颁布以来，已先后修订 7 次，外商投资准入大幅放宽，限制性措施削减至 63 条，服务业、制造业、采矿业等领域开放水平大幅提高。2018 年，中国进一步修订外商投资负面清单，全面落实准入前国民待遇加负面清单管理制度。

营商环境持续改善。改革开放使中国成功实现了从高度集中的计划经济体制到充满活力的社会主义市场经济体制的历史转变。中共十八大以来，中国通过深化"放管服"改革、设立自由贸易试验区等方式，理顺政府和市场关系，推进政府职能转变，不断优化营商环境。根据世界银行发布的全球营商环境报告，2017 年，中国营商环境在全球排名较 2013 年跃升 18 位。中国外商投资管理理念、管理模式和管理体制都实现了重大变革，是全球最具吸引力的投资目的地之一。

2018 年外商直接投资（不含银行、证券、保险领域）及其增长速度

行　业	企业数（家）	比上年增长（%）	实际使用金额（亿元）	比上年增长（%）
农、林、牧、渔业	741	5.0	53	−26.4
制造业	6152	23.4	2713	20.1
电力、燃气及水生产和供应业	284	−23.7	291	23.6
交通运输、仓储和邮政业	754	45.8	314	−16.0
信息传输、计算机服务和软件业	7222	127.9	773	−44.4
批发和零售业	22853	86.1	643	−16.5
房地产业	1053	42.9	1489	31.4
租赁和商务服务业	9099	78.9	1196	6.4
居民服务和其他服务业	485	39.0	37	−2.6
总　计	60533	69.8	8856	0.9

2014–2018 年货物进出口总额

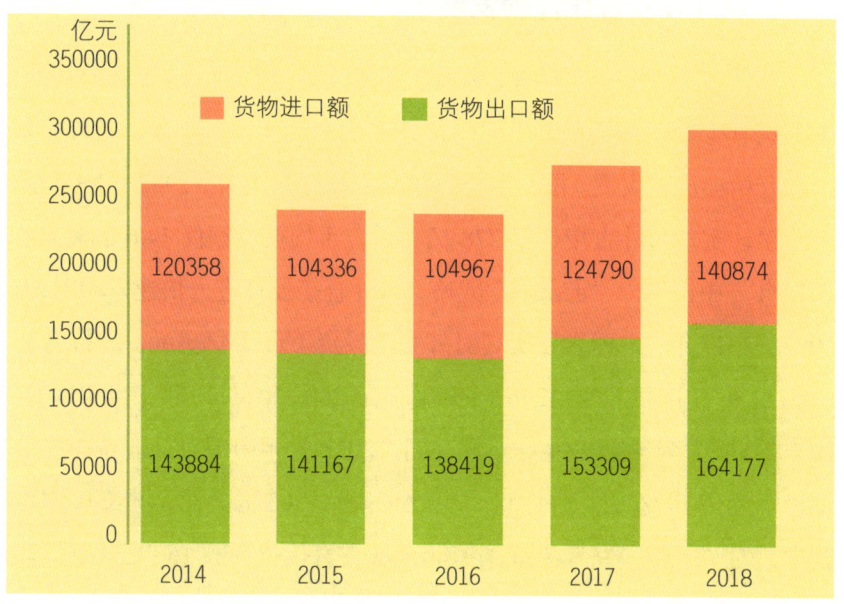

2018 年中国对主要国家和地区货物进出口金额、增长速度及其比重

国家和地区	出口额（亿元）	比上年增长（％）	占全部出口比重（％）	进口额（亿元）	比上年增长（％）	占全部进口比重（％）
欧盟	26974	7.0	16.4	18067	9.2	12.8
美国	31603	8.6	19.2	10195	−2.3	7.2
东盟	21066	11.3	12.8	17722	11.0	12.6
日本	9709	4.4	5.9	11906	6.2	8.5
中国香港	7174	3.1	4.4	13495	12.3	9.6
韩国	19966	5.7	12.2	564	13.8	0.4
中国台湾	3212	7.9	2.0	11714	11.0	8.3
巴西	2214	12.9	1.3	5119	28.2	3.6
印度	3167	9.1	1.9	3909	39.4	2.8
俄罗斯	5054	9.5	3.1	1242	12.2	0.9
南非	1072	6.9	0.7	1799	8.9	1.3

◎对外投资合作蓬勃发展

对外直接投资从无到有，跻身资本输出大国行列。改革开放初期，中国只有少数国有企业走出国门，开办代表处或设立企业，对外直接投资开始尝试性发展。据联合国贸易和发展会议统计，1982—2000年，中国累计实现对外直接投资278亿美元，年均投资额仅14.6亿美元。2000年，中国提出"走出去"战略，对外直接投资进入快速发展时期。2002—2017年，中国累计实现对外直接投资1.11万亿美元。2017年，中国对外直接投资额1246亿美元，是2002年的46倍，年均增长29.1%，成为全球第三大对外投资国。2018全年中国对外非金融类直接投资额7974亿元，比上年下降1.6%，折1205亿美元，增长0.3%。其中，对"一带一路"沿线国家非金融类直接投资额156亿美元，增

长 8.9%。对外投资形式逐步优化，由单一的绿地投资向兼并、收购、参股等多种方式扩展，企业跨国并购日趋活跃。

◎对外投资伙伴多元，区域广泛

2016 年末，中国对外直接投资分布在全球 190 个国家（地区），占全球国家（地区）总数的比重由 2003 年末的 60% 提升到 81%。区域分布上，对亚洲投资 9094 亿美元，占比 67%；拉丁美洲 2072 亿美元，占比 15.3%；欧洲 872 亿美元，占比 6.4%；北美洲 755 亿美元，占比 5.6%；非洲 399 亿美元，占比 2.9%；大洋洲 382 亿美元，占比 2.8%。

"一带一路"沿线国家投资合作取得丰硕成果。2015—2017 年，中国对"一带一路"沿线国家投资累计超过 486 亿美元，占同期对外投资累计额的比重超过 10%。在"一带一路"沿线国家对外承包工程新签合同额 3630 亿美元，占同期新签合同额的 50.5%；完成营业额

当地时间 2018 年 3 月 26 日，在柬埔寨由江苏海安某公司投资的服装厂内，柬埔寨籍员工在进行熨烫操作。

2308 亿美元，占同期完成营业额的 47.9%。

◎加快实施自由贸易区战略，扎实推进"一带一路"建设

改革开放以来，中国对外贸易实现了历史性跨越，但目前外贸大而不强问题依然突出，需要在提升创新能力、出口产品质量等方面进一步提高。中国利用外资已居世界第三位，且制造业和高技术产业吸引外资占比均大幅提升。中国积极参与全球治理体系改革和建设，支持多边贸易体制，促进自由贸易区建设，推动建设开放型世界经济。2020 年前，中国将力争成为世界第二利用外资大国，外资结构进一步优化。2018 年 4 月习近平在博鳌亚洲论坛 2018 年年会开幕式上的主旨演讲中提出：面向未来，我们要同舟共济、合作共赢，坚持走开放融通、互利共赢之路，构建开放型世界经济，加强二十国集团、亚太经合组织等多边框架内合作，推动贸易和投资自由化便利化，维护多边贸易体制，共同打造新技术、新产业、新业态、新模式，推动经济全球化朝着更加开放、包容、普惠、平衡、共赢的方向发展。经济全球化是不可逆转的时代潮流。中国坚持对外开放的基本国策，坚持打开国门搞建设。中国开放的大门不会关闭，只会越开越大！中国人民

2013 年，上海自由贸易试验区成立。

将继续与世界同行、为人类作出更大贡献，坚定不移走和平发展道路，积极发展全球伙伴关系，坚定支持多边主义，积极参与推动全球治理体系变革，构建新型国际关系，推动构建人类命运共同体。

中国新一轮对外开放的重要内容之一就是加快实施自由贸易区这个战略，中国共产党第十七次全国代表大会把自由贸易区建设上升为国家战略，中国共产党第十八次全国代表大会提出要加快实施自由贸易区战略。中国共产党十八届三中全会提出要以周边为基础加快实施自由贸易区战略，形成面向全球的高标准自由贸易区网络。

加快实施自由贸易区战略，是中国适应经济全球化新趋势的客观要求，是全面深化改革、构建开放型经济新体制的必然选择，也是积极运筹对外关系、实现对外战略目标的重要手段。2015年12月6日，国务院印发《关于加快实施自由贸易区战略的若干意见》，指出，加快实施自由贸易区战略的基本原则主要有以下几方面。一是扩大开放，深化改革。加快实施更加主动的自由贸易区战略，通过自由贸易区扩大开放，提高开放水平和质量，深度参与国际规则制定，拓展开放型经济新空间，形成全方位开放新格局，开创高水平开放新局面，促进全面深化改革，更好地服务国内发展。二是全面参与，重点突破。全方位参与自由贸易区等各种区域贸易安排合作，重点加快与周边、"一带一路"沿线以及产能合作重点国家、地区和区域经济集团商建自由贸易区。三是互利共赢，共同发展。树立正确义利观，兼顾各方利益和关切，考虑发展中经济体和最不发达经济体的实际情况，寻求利益契合点和合作公约数，努力构建互利共赢的自由贸易区网络，推动中国与世界各国、各地区共同发展。四是科学评估，防控风险。加强科学论证，作好风险评估，努力排除自由贸易区建设中的风险因素。同时，提高开放环境下的政府监管能力，建立健全并严格实施安全审查、反垄断和事中事后监管等方面的法律法规，确保国家安全。

通过自由贸易区扩大开放，提高开放水平和质量，深度参与国际

2018 年 11 月 15 日，四川自贸区成都市高新区政务中心的工作人员为前来办事的群众提供咨询服务。

规则制定，拓展开放型经济新空间，形成全方位开放新格局，开创高水平开放新局面，促进全面深化改革，更好地服务国内发展。

"一带一路"建设是中国在新的历史条件下实行全方位对外开放的重大举措、推行互利共赢的重要平台。中国人民深知，中国发展得益于国际社会，愿意以自己的发展为国际发展作出贡献。中国对外开放，不是要一家唱独角戏，而是要欢迎各方共同参与；不是要谋求势力范围，而是要支持各国共同发展；不是要营造自己的后花园，而是要建设各国共享的百花园。

2014 年中国通过了《丝绸之路经济带和 21 世纪海上丝绸之路建设战略规划》，2015 年对外发布了《推动共建丝绸之路经济带和 21 世纪海上丝绸之路的愿景与行动》，有关地方和部门也出台了配套规划，在国际上引起较大反响。

目前，已经有 100 多个国家和国际组织参与其中，中国同 30 多个沿线国家签署了共建"一带一路"合作协议、同 20 多个国家开展国际产能合作，联合国等国际组织也态度积极，以亚投行、丝路基金为代表的金融合作不断深入，一批有影响力的标志性项目逐步落地。"一带一路"建设从无到有、由点及面，进度和成果超出预期。

中国提出"一带一路"倡议，发起成立亚洲基础设施投资银行等新型多边金融机构，促成国际货币基金组织完成份额和治理机制改革，积极参与制定海洋、极地、网络、外空、核安全、反腐败、气候变化等新兴领域治理规则，推动改革全球治理体系中不公正不合理的安排。

中国是"一带一路"的倡导者和推动者，但建设"一带一路"不是中国一家的事。"一带一路"建设不应仅仅着眼于中国自身发展，而是要以中国发展为契机，让更多国家搭上中国发展"快车"，帮助他们实现发展目标。中国要在发展自身利益的同时，更多考虑和照顾其他国家利益。要坚持正确义利观，以义为先、义利并举，不急功近利，不搞短期行为。要统筹中国同沿线国家的共同利益和具有差异性的利

宁波舟山港已是全球首个年货物吞吐量突破 10 亿吨的"巨无霸港"，激荡起具有国际影响力的"港口经济圈"。

当地时间 2018 年 11 月 20 日，斯里兰卡科伦坡，由中国人设计并建设的高楼大厦。

益关切，寻找更多利益交汇点，调动沿线国家积极性。中国企业走出去既要重视投资利益，更要赢得好名声、好口碑，遵守驻在国法律，承担更多社会责任。

2014 年至 2016 年，中国同"一带一路"沿线国家贸易总额超过3 万亿美元。中国对"一带一路"沿线国家投资累计超过 500 亿美元。中国企业已经在 20 多个国家建设 56 个经贸合作区，为有关国家创造近 11 亿美元税收和 18 万个就业岗位。从一开始的基础设施建设，到产能转移与经济结构调整，"一带一路"倡议自提出以来，内涵不断丰富发展。

"一带一路"建设是推动中国全面开放新格局的重点，是中国坚持对外开放、促进国际合作、推动构建人类命运共同体的重要载体。

构建创新、活力、联动、包容的世界经济

经济全球化是不可阻挡的历史潮流。历史已经证明，开放带来进步，封闭导致落后；经济全球化为世界经济增长提供了强劲动力，促进了商品和资本流动、科技和文明进步、各国人民交往。要让经济全球化更好地造福世界各国人民，实现人类社会更平衡、更充分的发展，有效地消除和平赤字、发展赤字、治理赤字。

中国共产党的十八大以来，习近平在国际国内多个重要场合阐述了中国将坚持全方位对外开放的重要思想，不仅指出中国将大力建设共同发展的对外开放格局，而且指出经济全球化是社会生产力发展的客观要求和科技进步的必然结果，要让经济全球化进程更有活力、更加包容、更可持续。

2018 年 10 月 17 日，中国杭州 G20 峰会"最忆是杭州"文艺演出在西湖举行。

习近平在 2015 年 9 月的联合国发展峰会上给目前全球发展问题开出了药方，提出公平、开放、全面、创新的世界发展观，主张未来全球"要争取公平的发展，让发展机会更加均等"，"要坚持开放的发展，让发展成果惠及各方"，"要追求全面的发展，让发展基础更加坚实"，"要促进创新的发展，让发展潜力充分释放"。

2016 年 9 月，二十国集团领导人第十一次峰会在中国杭州举行，中国把 2016 年峰会的主题确定为"构建创新、活力、联动、包容的世界经济"。要让经济全球化进程更有活力、更加包容、更可持续。在逆全球化思潮阻碍世界经济发展的背景下，中国提出要适应和引导好经济全球化，消解经济全球化的负面影响，让全球化更好惠及每个国家、每个民族。"一花独放不是春，百花齐放春满园"，要在谋求自身发展中促进各国共同发展，实现互利共赢和共同繁荣。

2017 年 10 月，习近平在中国共产党第十九次全国代表大会报告中指出，中国坚持对外开放的基本国策，推动形成全面开放新格局，推动建设开放型世界经济。中国经济同世界经济高度融合，开放的中国有条件有能力实现经济持续健康发展，为世界各国创造更广阔的市场和发展空间，为世界经济带来更多正面外溢效应。中国积极推动建设开放型世界经济，是全球经济的重大利好。

当今时代，各国是相互依存、彼此融合的利益共同体，开放包容、合作共赢是唯一正确的选择。搞以邻为壑、零和游戏无助于世界经济增长。经济全球化的利益不应由部分国家享有，而应由世界各国共享；经济全球化的推进不应是部分国家的独角戏，而应是世界各国联动的协奏曲。习近平指出，让经济全球化进程更有活力、更加包容、更可持续，"是我们这个时代的领导者应有的担当，更是各国人民对我们的期待"。

中国的发展是世界的机遇，中国是经济全球化的受益者，中国发展得益于向世界开放，世界发展也得益于中国的开放。中国经济快速

2018 年 9 月 28 日，浙江宁波·尼斯国际嘉年华开幕，中国观众在家门口就能体验原汁原味的欧洲风情。

增长，为全球经济稳定和增长提供了持续强大的推动。中国同一大批国家的联动发展，使全球经济发展更加平衡。中国减贫事业的巨大成就，使全球经济增长更加包容。中国改革开放持续推进，为开放型世界经济发展提供了重要动力。中国推动建设开放型世界经济，推动经济全球化朝着更加开放、包容、普惠、平衡、共赢的方向发展，发挥负责任大国的作用，积极参与全球治理体系改革和建设，不断贡献中国智慧和力量。

结　语

　　现代化是一种世界现象，是一个国家进入现代社会、谋求发展进步的历史过程。实现现代化是近代以来中国人民不懈的追求，实现中华民族伟大复兴是近代以来中华民族最伟大的梦想。中国共产党以全心全意为人民服务为根本宗旨，牢记为中国人民谋幸福、为中华民族谋复兴的初心和使命，始终团结带领全国各族人民向着社会主义现代化强国的目标砥砺前行。

　　改革开放以来，中国经济实现了快速增长，取得了举世瞩目的成就，但同时也付出了很大代价，特别是形成了 GDP 导向的经济增长模式，导致了片面追求经济增长速度，把经济增长等同于 GDP 增长的倾向，严重影响了经济的健康发展。中国经济在速度换挡、结构调整、动力转换的过程中，确立了新形势下经济发展的大逻辑，即中国经济发展进入新常态。中国经济发展正在从以往过于依赖投资和出口拉动向更多依靠国内需求拉动转变，不再简单以国内生产总值增长率论英雄，而是强调以提高经济增长质量和效益为立足点。从认识新常态，适应新常态到引领新常态，中国提出以供给侧改革为主线，坚持创新、协调、绿色、开放、共享的发展理念等。中国坚持用新思想发展改革实践，用新理念破解发展难题，用新战略共同谋划美好蓝图，形成了习近平新时代中国特色社会主义经济思想。这是坚持问题导向、破解发展瓶颈的应对之策，也是着眼未来谋划全局的战略考量，具有重大理论意义和实践指导作用。

　　中国共产党第十八次全国代表大会以来的五年，是中国经济发展进程中极不平凡的五年。五年来的成就是全方位的、开创性的，五年来的变革是深层次的、根本性的。这些历史性成就、历史性变革具有重大而深远的影响。中国共产党第十九次全国代表大会宣告："经过长期努力，中国特色社会主义进入了新时代"；并明确了全面建设社会主义现代化强国的战略安排：在2020年全面建成小康社会的基础上，到2035年基本实现社会主义现代化，到2050年建成富强民主文明和谐美丽的社会主义现代化强国。"两步走"战略安排完整勾画了中国社会主义现代化建设的时间表、路线图。当代中国比历史上任何时期都更接近中华民族伟大复兴的目标，比历史上任何时期都更有信心、更有能力实现这个目标。